连锁超市促销伤害危机对消费者品牌忠诚的影响研究

The Study of Consumer Brand Loyalty Influenced by Promotion Injury Crisis of Chain Supermarket

花海燕 著

西南财经大学出版社
Southwestern University of Finance & Economics Press

内容摘要

近年来由于市场竞争激烈，越来越多的企业将促销作为现代商战的利器频繁加以使用，促销手段和方式繁多。但是在这一过程中，企业促销失当导致消费者人身、财务受到伤害的情况越来越多。促销伤害发生后，消费者的心理发生变化，对企业的信任下降，感知风险增加，此时企业在认真处理伤害危机的同时，如何取得消费者的理解，修复与消费者之间的关系变得非常重要。但在现实中人们经常看到，危机发生后，企业往往由于应对方式不恰当，导致更多的次生负面事件，这给企业造成了更大的损失。本书主要研究促销伤害危机发生后消费者心理认知的变化情况，尤其是危机对老顾客的影响情况，并通过实证研究方法找出最恰当的危机应对方式。

本书首先梳理了促销伤害危机的研究文献，发现研究主要分两类：一类是研究虚假促销、夸大参考价格促销对消费者感知价值、感知风险、消费情感、购买意愿的影响情况；另一类是研究促销伤害发生后在法律法规上如何认定，责任如何划分等问题。从总体看，现有对促销伤害危机的研究主要集中在虚假促销领域，对促销伤害危机在理论上没有系统的界定和划分，研究变量的讨论也不全面，因此对促销伤害危机的研究还有很多可以深入的空间。虽然直接研究促销伤害危机的文献较少，但与该领域相关的营销道德、企业负面公众信息、品牌危机、产品伤害危机的研究却非常丰富，这些文献的分析和整理为研究变量的选取提供了依据和指导，本研究选取了企业声望、应对方式为自变量，感知风险、品牌信任、购买意愿为中间变量，品牌忠诚为结果变量，探讨它们之间的关系和作用机理。

由于以往的研究没有对促销伤害危机给出完整的界定，因此本研究在收集大量见诸媒体的促销伤害案例后进行了逐一分析，在参考虚假促销、产品伤害危机的定义以及国家商务部认定的不规范促销行为的基础上，提出促销伤害危机是指偶尔出现并被媒体广泛报道的由于企业促销组织失误或虚假促销而出现的对消费者人身、财务等造成的伤害事件。按照上述对促销伤害危机的定义，本研究将促销伤害危机从两个角度进行了分类：其一是从造成伤害的主体不同分为厂商促销伤害危机和零售商促销伤害危机两类，其二是从对消费者造成伤害的客观性标准分为促销人身伤害危机和促销财务伤害危机两类。针对研究重点——零售商促销伤害危机，本书在分析案例后将其分为零售商人身伤害危机和零售商财务伤害危机两大类，分析认为，两类零售商促销伤害危机的企业应对方式大体相同，都可以分为沉默、纠正措施、辩解三种。

随后，本书讨论了研究模型形成的理论基础：感知风险理论、公平理论、品牌信任理论和期望—证据理论，并一一论述了这些理论在促销伤害危机中的作用机理，在此基础上形成了本研究的概念模型，并提出了有关变量之间关系的 17 个研究假设。

本研究通过实证得出如下主要结论：

第一，在促销人身伤害危机情形下，不同声望的企业应采取不同的应对方式。不同声望的企业的应对方式对于消费者感知风险、品牌信任、品牌忠诚的影响是有差别的。高声望的企业采取纠正措施进行危机应对，消费者感知风险最低，品牌信任最高，品牌忠诚也最高；而低声望的企业在发生促销人身伤害危机的情景下，则采取沉默的应对方式，其消费者感知风险最低，品牌信任最高，品牌忠诚也最高。

第二，在发生促销财务伤害危机时，只有纠正措施是最好的应对。由于消费者把促销伤害更多地归因于企业，认为是由于企业管理不善甚至有可能是企业主观故意误导消费者而造成了伤害，因此只有企业进行道歉并作出赔偿，才能使消费者的感知风险降低，购买意愿和品牌忠诚提高。

第三，企业声望对危机后消费者感知风险有显著影响。本研究证实，不论是促销财务伤害危机还是促销人身伤害危机，连锁超市声望的高低会影响危机后消费者的感知风险和品牌信任，进而影响消费者的购买意愿和品牌忠诚，声望高的零售商相对于声望低的零售商在危机后消费者的感知风险较低，而品牌信任较高。

第四，不同性别的消费者对危机后企业应对的反应有一定差别。由于女性的感知易受伤害性大于男性，因而不论在促销财务伤害危机还是促销人身伤害危机的情景下，女性的感知风险都高于男性。

第五，不同年龄的消费者对危机后企业应对的反应没有差别。研究表明，不同年龄段的消费者对促销伤害危机后的企业应对的反应没有显著差别。

本书研究的创新价值主要体现在以下几个方面：

第一，首次完整提出了促销伤害危机的概念。本研究在对以往虚假促销、虚高参考价格促销及相关文献梳理的基础上，通过对现实案例的详细研究，首次完整给出了促销伤害危机的概念。

第二，对促销伤害危机进行分类的基础上，对零售商促销伤害危机的应对方式进行了分类和比较。根据造成促销伤害的主体不同和对消费者造成伤害的客观性标准，将促销进行了分类，完善和丰富了促销伤害危机研究的内容。

第三，构建了促销伤害危机对消费者行为认知影响的概念模型。本书通过文献研究和对现实案例的观察，提出了在促销伤害危机中可能会影响顾客购买意愿和品牌忠诚的两大类自变量——企业声望和应对方式，和两个中间变量——消费者感知风险和品牌信任，并构建了本研究的概念模型。

第四，实证了促销伤害危机对消费者行为认知的影响情况。本研究通过 BP 神经网络算法验证了不同连锁超市声望和应对方式对消费者感知风险、购买意愿、品牌信任和品牌忠诚的影响情况，这些研究为梳理促销伤害危机发生后消费者心理和行为的变化，以及企业恰当的应对方式选择提供了一个理论框架。

最后，本书就实证的研究结论，结合相关理论和社会实践做了进一步的探讨，指出企业应以更加审慎的态度对待促销，应更科学地选择危机后的企业应对策略，应更加重视危机前的防范与管理。

关键词：促销伤害危机　感知风险　购买意愿　品牌信任　品牌忠诚

ABSTRACT

In recent years, sales promotion has been used frequently by more and more enterprises as a powerful weapon in modern commercial campaign, which has a variety of forms. However, in this process, consumer's personal and property injury increase because of inappropriate promotion. Once promotion injury crisis happens, consumer mentality will change their confidence in enterprises drops and their perceived risk increases. Under that circumstance, how to acquire the understanding of consumer and restore the relationship with consumers has become the preoccupation of enterprises after their coping with promotion injury crisis in accordance with national laws and regulations. Whereas, many enterprises usually take these inappropriate counter measures, which would cause more secondary negative incidents and loss. This book studies the changing situation of the post - crisis consumer psychology, especially the psychology of regular customer, trying to find out the most appropriate counter measures via empirical researches.

This book firstly sorts the documents relating to promotion injury crisis, and finds out that these documents can be classified into 2 categories —— one is the study of how false promotion and false high reference price promotion influence on consumer's perceived value, perceived risk, emotion and purchase intention; the other is the study of how to determine responsibility and partition problem under national laws and regulations after promotion injury crisis happens. On the whole, the present study of promotion injury crisis mainly focuses on false promotion. There is neither a systematic definition of promotion injury crisis theory, nor a comprehensive study of variables. Therefore, there still leaves much space for the study of promotion injury crisis. Although there are few documents studying promotion injury crisis directly, there are a large number of documents studying marketing ethics, enterprise negative public information, brand crisis and product injury crisis which related to the promotion injury crisis domain. Thus, analyzing and sorting these documents provide the basis and guidance for how to choose the variables which this book studies. This study chooses enterprise reputation, counter measures as independent variables, perceived risk, brand trust and purchase intention as intermediate variables, and brand loyalty as outcome variable to discuss the relationship and mechanism of action among them.

Because of the incomprehensive definition of promotion injury crisis in the past studies, this book collects and analyzes a large number of promotion injury cases which have been reported widely by mass media. On the basis of consulting the definition of "false promotion" "product injury crisis" and the inappropriate promotion action determined by ministry of commerce, this book defines promotion injury crisis as consumer's personal and property injury incidents caused by faulty organization of promotion or false promotion, which happens sporadically but is widely publicized by mass media. According to the definition mentioned above, this book classifies promotion injury crisis from 2 perspectives——one is to divide it into consumer promotion injury crisis and retailer promotion injury crisis according to the different injured objects; the other is to divide it into promotion personal injury crisis and promotion property injury crisis on the basis of objectivity criteria of consumer's injury. This book concentrates on retailer promotion injury crisis. After analyzing the cases, this book divides retailer promotion injury crisis into retailer personal injury crisis and retailer property injury crisis, holding an opinion that the enterprise's counter measures against these 2 kinds of retailer promotion injury crises are about the same-keeping silence, corrective action, and proving an explanation.

After that, this book discusses the theoretical basis of the formation of the study model: perceived risk theory, equity theory, brand trust theory and expectation - evidence theory. Then it studies how these theories function in promotion injury crisis, forming thus the conceptual model of this study and stating 17 research hypotheses related to relationship among variables.

Subsequently, this book comes to several main conclusions after case analysis:

Firstly, under promotion personal injury condition, enterprises with different reputations should take different counter measures.

The counter measures taken by enterprises with different reputation differ in influencing the consumer's perceived risk, brand trust and brand loyalty. Under promotion personal injury condition, if enterprises with high reputation take corrective action, they will get the lowest perceived risk, highest brand loyalty and brand trust from their consumers; Whereas, if enterprises with relatively low reputation want to get the same result, they would better keep silence.

Secondly, under promotion property injury condition, the best counter measure is to apologize.

If there is consumer property injury, they tend to attribute promotion injury to the enterprise, and deem that injury may come from the its bad management and even from its subjectively intentional misguidance. As a result, only the enterprise apologizes and makes compensation, which would decrease consumer's perceived risk and increase their purchase intention and brand loyalty.

Thirdly, enterprise reputation greatly influences on the consumer's perceived risk after the crisis.

The study demonstrates that either under property injury condition or under personal injury condition, the different retailer reputations would have different influences on consumer's perceived risk and brand trust after the crisis, and then have different influences on consumer's purchase intention and brand loyalty. Compared with retailers with low reputation, consumers of the retailers with high reputation tend to have low perceived risk and high brand trust after the crisis.

Fourthly, different genders have different reactions toward post - crisis counter measures taken by enterprises.

Women's perceptual vulnerability is greater men's, and thus, women's perceived risk exceeds men's either under property injury condition or personal injury condition.

Fifthly, different age levels have no distinction in reactions toward post - crisis counter measures took by enterprises.

The study shows that consumers from different age levels don't have distinctively different reactions toward the counter measures after promotion injury crisis.

The innovation value of this book is mainly reflected in the aspects as follows:

Firstly, this book comprehensively proposes the notion of promotion injury crisis for the first time.

On the basis of sorting false promotion, false high reference price promotion and documents related, via the comprehensive study of cases, this book for the first time proposes comprehensively the notion of promotion injury crisis.

Secondly, this book classifies and compares the counter measures against retailer promotion injury crisis.

According to the different injured objects and different objectivity criteria of consumer's injury, this book classifies the promotion, perfects and enriches the content of promotion injury crisis study.

Thirdly, this book formulates the conceptual model of the influence of promotion injury crisis on consumer behavioral cognition.

According to the study of documents and observation of cases, this book finds out 2 kinds of independent variables —— enterprise reputation and counter measures, and 2 intermediate variables —— consumer perceived risk, purchase intention and brand trust, which would influence purchase intention and brand loyalty in promotion injury crisis. Then this book formulates the conceptual model of this book.

Fourthly, this book demonstrates how promotion injury crisis influences on consumer behavioral cognition.

On the basis of BP neural - net algorithms, this book demonstrates different influences on consumer perceived risk, purchase intention, brand trust and brand loyalty under different retailer reputations and counter measures. These studies provide a theoretical framework for clarifying the changes in post - crisis consumer psychology and behavior, taking the appropriate post - crisis counter measures.

In conclusion, this book based upon case analysis, by applying relative theories and doing social practices, states that enterprises should treat promotion more prudentially, take post - crisis counter measures more scientifically and pay more attention to the precaution and regulation before the crisis happens.

Key words: promotion injury crisis, perceived risk, Purchase intention, brand trust, brand loyalty.

目 录

1 绪论

随着2004年中国零售业的全面开放，我国零售行业规模逐年扩大，根据国家统计局的统计数据，社会消费品零售总额从2004年的53 950亿元增加到2010年的156 998亿元，年均增长速度超过了32%，零售业在国民经济中的地位和作用不断提高，零售业的迅速发展以及在流通渠道中的重要地位已经使其成为关系国民经济发展的先导产业。与此同时，中国零售业也成为我国经济发展中变化最快、市场化程度最高、竞争最为激烈的行业之一。

根据我国商务部2004年颁布的《零售业态分类》标准，按照零售店铺的结构特点，根据其经营方式、商品结构、服务功能，以及选址、商圈、规模、店堂设施、目标顾客和有无固定营业场所等分类要素，从整体上可将零售业划分为有店铺零售业态和无店铺零售业态两类，包括杂食店、便利店、折扣店、超市、大型超市、仓储会员店、百货店、专业店、专卖店、家居建材店、购物中心、厂家直销中心、电视购物、邮购、网上商店、自动售货亭、电话购物等17种零售业态。

根据新标准的界定，超市（supermarket）是开架售货，集中收款，满足社区消费者日常生活需要的零售业态。根据商品结构的不同，可以分为食品超市和综合超市。大型超市（hypermarket）是实际营业面积6 000m^2以上，品种齐全，满足顾客一次性购齐商品的零售业态。根据商品结构的不同，可以分为以经营食品为主的大型超市和以经营日用品为主的大型超市。

连锁超市和大型超市（以下统称为连锁超市）作为零售业态中出现较晚的一种形式，在我国发展的十多年历史中一直保持极高的增长速度。根据中华人民共和国国家统计局的统计数据，截至2008 年底，两类连锁超市实现社会消费品零售总额4 483.3 亿元，超市门店数占我国零售业门店总数的22.7%，而超市零售额则占我国零售业总零售额的26%，连锁超市和大型超市已经成为我国零售业的主流业态，为中国扩大内需、拉动经济增长作出了重大贡献。但是，相对于其他零售业态而言，连锁企业面临更为激烈的市场竞争。据统计，截至2008 年底我国连锁超市门店数量达到了38 312 家，企业法人3 761 家，全球最有影响力的连锁超市均进入了我国，并将中国作为主要的业务增长点。

激烈的市场竞争使得越来越多的连锁企业将促销作为现代商战的利器频繁使用，促销手段和方式繁多。在这一过程中，由于企业促销失当而导致消费者人身、财务受到伤害的情况比比皆是。据不完全统计，自2005 年以来，我国发生了40 多起因为零售商促销不当导致消费者人身受到伤害的案例，因为虚假促销而导致消费者财务受到伤害的案例则更多，几乎每天都会发生。对这一问题展开研究既有其现实意义，也有其理论意义。

1.1 研究背景

1.1.1 现实背景

1.1.1.1 促销伤害危机层出不穷

连锁超市在我国发展的十多年时间里，一直保持快速增长势头。国家统计局的统计数据显示，自2003年以来，连锁超市零售总额保持了平均23.3%的增长速度，截至2008年零售总额达到了4 483.3亿元，门店数量也从最初的11 717家增加到2008年的38 312家，增长了2倍多。

连锁超市在高速发展的同时，面临的竞争也不断加剧。中国加入世贸组织之后，跨国连锁企业纷纷加快对华投资步伐，沃尔玛、家乐福、麦德龙、乐购、易初莲花等国际连锁零售巨头悉数抢滩中国市场，加之本土连锁企业纷纷加速扩张，2003—2008年的6年间，我国超市门店数量年平均增长速度超过了50%，加之门店选址缺乏规划，往往在一个区域集中了较多的店铺，各超市间只能通过竞争来争夺市场份额，促销尤其是恶性的低价促销成为了连锁超市惯用的市场手段。

连锁超市在促销的过程中由于主客观等种种原因导致了大量促销伤害案例。为了规范零售商的促销行为，我国于2006年10月颁布了《零售商促销行为管理办法》，但因为促销不当而导致消费者受到人身、财物伤害的案例仍然很多。

1.1.1.2　促销伤害发生后消费者反应不一，企业应对方式选择艰难

据媒体记者的采访调查，消费者对伤害危机发生的原因及谁该承担责任的看法不一，对于后续是否愿意到事件超市及连锁企业其他超市购物的反应也不一，对引致伤害危机的促销方式的评价也不同。

此外，企业对促销伤害危机的认识各不相同。苏宁电器率先向社会及同行发出倡议，规范促销行为，积极倡导依法促销、诚信促销、文明促销、安全促销，努力营造健康的市场环境，与此同时也有一些企业认为消费者经不起诱惑、健忘。

危机发生后恰当的应对方式往往是化解危机的关键，但是从市场的现实情况看，促销伤害危机发生后企业在应对方式的

选择上差别很大：有企业在危机后沉默不语、不予回应，寄希望于事态自然平息；有企业通过媒体对出现的问题与社会公众进行沟通、解释，希望消除公众对企业的负面看法；有企业对出现的问题加以纠正，包括道歉、积极救治、赔偿损失以弥补促销对消费者造成的伤害；还有企业对出现的问题进行辩解，认为企业在促销中不存在任何过错等。

法国家乐福作为一家全球500强的知名连锁零售企业，自2004年进入中国以来就频频发生促销伤害危机。据不完全统计，家乐福超市自2005年以来发生了多起促销踩踏或挤压事件①：

2005年2月1日，新开业的家乐福成都市双桥店发生了促销踩踏事故；

2007年11月10日，重庆市沙坪坝区家乐福超市发生促销踩踏事故；

2007年11月28日，家乐福北京天通苑门店因促销引发挤压事故；

2007年7月30日，家乐福西安小寨店引发众多群众抢购，现场混乱，造成很大的安全隐患；

2008年12月20日，家乐福北京石景山万达广场门店在减价促销时因人多拥挤被要求歇业。

与此同时，家乐福超市各连锁店在中国发生的由于价格欺诈、不实宣传等不当促销导致被媒体报道的案例则更是不胜枚举，仅2010年一年就发生了多起：

1月14日，厦门思明区家乐福促销价格高于标签价格；

5月11日，武汉家乐福洪山广场店促销价格高于标签价；

5月29日，武汉家乐福超市建设大道店虚假折扣；

5月27日，北京海淀区家乐福中关村店虚假促销宣传；

---

① http：//env. people. com. cn/GB/13664988. html

7月4日，昆明家乐福超市云纺店促销价格高于标签价；

7月7日，福州家乐福新店促销商品在活动的第一天就缺货；

9月21日，天津家乐福海光寺店以原价作为促销价格促销；

11月17日，长沙家乐福虚假促销宣传，五倍差价承诺不兑现；

12月17日，昆明家乐福超市白云店促销价格高于标签价。

除了促销危机外，2010年家乐福在中国也遭遇了前所未有的门店危机：

3月22日，大连家乐福新华绿洲店正式关店；

7月28日，经营仅3年的西安小寨店关店；

2011年2月，家乐福广东佛山店关店。

现实的很多问题值得关注：危机发生后消费者的感知风险和购买意愿会不会受到影响？如何影响？是仅限于对事件门店还是对整个连锁企业的感知风险和购买意愿均有影响？受哪些因素的影响？不同消费者个体受到的影响是否相同？危机发生后的多种应对方式，哪一种方式最为恰当？在何种情况下应该选择何种应对方式？

我国消费者对超市业的品牌忠诚度偏低。连锁超市正日益受到中国消费者青睐，但消费者对单个门店的忠诚度却很低，只有18%的顾客表示在通常情况下，自己会固定去一家超市，固定去2～3家超市的顾客占44.4%（文千锤，2009）。消费者对连锁超市的品牌忠诚度较低与超市不断出现伤害危机有何关系？家乐福超市在中国的危机与其频繁发生促销伤害危机之间有何关系？对连锁超市促销伤害危机发生后消费者的品牌信任及品牌忠诚变化的研究尤为有意义。

1.1.2 理论背景

营销安全研究已经成为中国营销的特色研究之一，主要涵盖隐患、威胁、危机、失败、重生五方面内容。对营销危机的研究包括了产品伤害危机、价格伤害危机、促销伤害危机等方面，通过对国内外文献的检索发现，目前学界对促销伤害危机的研究较少，系统化研究基本没有。

1.1.2.1 对促销伤害危机及其分类缺乏研究

通过文献检索，目前只发现卢长宝（2005）、田玲（2007）从学术和理论角度对虚假促销进行了一定程度的分析和实证研究。卢长宝在《虚假促销对消费者认知和行为的影响》一文中提出，由于受到虚假促销长期的刺激与强化，消费者对企业正常促销产生了与虚假、欺骗同义的社会刻板印象，对产品价格的怀疑效应和对产品质量的怀疑效应不仅会降低顾客对正常促销的接纳，而且还会促进顾客的理性购买行为，最终导致企业正常促销失效。田玲在其硕士论文《大型超市虚假促销对消费情感与购买意愿的影响研究》一文中定义了虚假促销的概念，并实证分析了虚假促销对消费者情感和购买意愿的影响情况。

上述研究都是针对促销伤害中的虚假促销的，但是通过现实的伤害案例发现，不当促销往往会导致消费者人身、财务、心理等受到伤害，虚假促销对消费者的伤害只是促销伤害中的一部分。从消费者受到伤害的客观标准看，促销伤害危机包括人身伤害危机和财务伤害危机两类，目前学术界还缺乏对促销伤害危机的系统研究，从促销伤害危机的概念界定到分类都还还需要深入研究。

1.1.2.2 对促销伤害危机的应对方式缺乏研究

危机在当今社会频繁发生，企业要完全避免危机几乎是不可能的，重要的是在危机发生后采取恰当的应对措施，最大限度地减少企业的损失。危机应对或危机处理是指当危机出现时，企业采取不同的行动方案来降低损失、修复企业形象并影响社会公众对企业应承担责任的认知归因。

文献整理发现，学界对危机应对的研究成果较为丰富，但是对促销伤害危机的应对方式的研究却基本空白。

在危机处理方案的选择上，主要有辩解策略和形象修复策略两类：

赫尔特（Hearit，1996）将辩解策略定义为："辩解并非致歉，辩解的目的是使企业被误解的行为在人们眼中能得到较为正面或中立的认识"。希思（Heath，1994）提出了辩解策略采用的三种方式：

（1）对事件的再解释，即运用其他的概念或采用不同的解释，达到改变危机事件发生后企业给公众造成的不良认知；

（2）对危机事件发表关注或遗憾的言论，努力减少消费者感知的企业责任；

（3）区隔策略，即将危机事件的表面现象和真相区别开来。

泰勒（Tyler，1997）提醒辩解策略虽然在某些情况下是必要的，但是企业也要防止对人们造成企业逃避责任的印象，这样将会导致企业形象受到更大损失。

库姆斯（Coombs）和霍拉迪（Holladay）（1996）认为：危机应对的第一要务是维护企业形象，修复事件对企业造成的负面影响，并通过恰当的企业应对影响人们对危机的责任归因。贝努瓦（Benoit，1997）阐述了企业形象修复策略的五种方式：否认、逃避责任、减少攻击、认错以及修正行动。

对于企业遇到危机后在何种情况下选择何种应对策略的问题，很多研究人员认为，危机的特定情境是决定策略选择的主要因素。库姆斯（Coombs，1998）明确指出，危机应对策略的选择是通过评估危机情境得到的，决策者若能掌握危机情境，就能找到恰当的应对方向。Coombs 和 Holladay 1995 年研究了危机情境与危机应对方案的关系，并将危机情境划分为过失情境、意外情境、违法情境和恶意破坏情境四种。

归纳现有学者的研究发现，危机应对必须考虑危机情境，但是将促销伤害作为特定危机情境进行的应对策略研究目前还基本没有。

1.1.2.3 促销伤害危机及其应对方式对营销变量的影响

对于促销伤害危机，以前的研究主要关注的是财务伤害危机中虚假促销对营销变量的影响。田玲（2007）主要研究了虚假促销中的价格虚假、赠品虚假和抽奖虚假对消费者消费情感和购买意愿的影响。促销人身伤害危机对营销变量的影响至今还没有学者进行过实证研究。因此，对于促销伤害危机及其相关因素对消费者感知风险、购买意愿、品牌信任、品牌忠诚的影响，在理论上还存在很多研究空白。

1.2 研究内容与研究目标

1.2.1 研究内容

研究内容可以分为三个层次。

第一层次是促销伤害危机的定义及其影响范畴研究。由于前人对促销伤害危机没有系统研究，只对促销伤害危机中的虚假促销、虚假宣传等方面有少量研究，因此必须通过完备的事实观察、系统描述对促销伤害危机的定义进行界定，同时对促销伤害危机进行分类、总结、归纳，研究促销伤害危机发生后对消费者的影响主要有哪些方面。这是本研究所有研究内容的基础。

第二层次是研究危机后连锁超市声望、应对方式对消费者行为认知的影响，构建研究假设。根据文献查询的结果，危机对消费者的感知风险、品牌信任、购买意愿、品牌忠诚都有影响，但是这种影响与连锁超市声望、应对方式、危机类型以及消费者的个体差异均有关系。本研究第二层次主要研究它们之间的关系，并构建研究假设。

第三层次实证研究不同类型促销伤害危机发生后连锁超市声望、应对方式对消费者感知风险、品牌信任、购买意愿、品牌忠诚的影响情况，同时将消费者性别、年龄作为调节变量研究不同个体的影响参数。本部分是研究的重点和难点，将在第一层次及第二层次研究基础上，通过实验法收集数据，最后应用 BP 神经网络算法验证假设关系的成立情况。

1.2.2　研究目标

研究目的主要有两个。

在理论上解决五个问题：促销伤害危机如何界定？应对方式如何分类？促销伤害危机对消费者的感知风险、品牌信任、购买意愿和品牌忠诚有无影响、如何影响？危机发生后如何应对最为恰当或者在何种情况下选择哪一种应对方式最佳？不同的消费者选择的应对方式有无差异？

在实践上把实证研究得出的结果和结论转化为现实中促销危机管理的建议，为政府促销监管提供理论依据，为企业解决促销危机提供借鉴。

1.3　研究思路、方法及结构

为了解决现实和理论上存在的问题，实现研究目标，本研究采取了如下研究思路和方法。

1.3.1 研究思路

本研究所遵循的总体思路是解释和解决营销实践中的问题，具体分为四个步骤：

第一，观察现实中的促销伤害危机，收集国内外由于促销而导致消费者受到人身或财务伤害的案例，并将其加以归纳、整理，发现那些营销界和学术界有待解决的问题，初步把这些问题拟定为研究方向。

第二，基于这些问题检索相关文献，了解其他学者对这些问题的研究进展和不足。

第三，结合研究方向和已有的促销伤害危机研究成果，从中找到值得研究且尚未研究的问题，确定研究内容和目标。

第四，基于研究内容和目标，展开正式研究，包括建立概念模型、形成研究假设、选择研究方法、设计研究变量、设计调查问卷、展开调研工作、进行数据分析、得出研究结果、分析研究结论等步骤。

1.3.2 研究方法

(1) 采用文献分析法对中外学者在促销伤害危机相关研究领域的理论和实证研究成果进行系统的梳理，形成系统且较为全面的文献综述，找出现有文献的研究成果、研究结论、研究方法和研究局限，在此基础上找到前人研究的空白点，确立研究问题，构建基本理论框架及概念模型。

(2) 采用二手数据研究法对从媒体收集到的零售企业引发的促销伤害危机进行研究，分析其发生背景、对消费者的影响及企业的应对情况，从而清楚界定促销伤害危机的概念、分类，对企业在危机发生后的应对方式做到心中有数。

(3) 通过组织消费者访谈和调查，筛选和归纳影响其感知风险及购买意愿变化的因素，完善概念模型。

(4) 基于国内外已有的相关研究成果，结合我国企业的营销实践，对研究的问题进行进一步的明确与细分，提出自己的研究模型，确定研究变量，设计针对我国消费者的调查问卷，通过与若干应答者的深度访谈对问卷进行修改完善，并开展小样本的预先测试对问卷的信度和效度进行验证，并据此对问卷进行最后修正。

(5) 以高校学生、企业从业人员、随访的消费者为调查对象，以12项设计实验分别研究在不同的危机类型下，不同声望的零售企业在采取不同应对方式时消费者感知风险、购买意愿、品牌信任和品牌忠诚的变化情况，通过神经网络计算方法对调查结果进行分析，检验所提出的研究假设能否成立，并据此提出研究的结论和对营销管理者的启示，讨论研究的局限性与进一步的研究方向。

(6) 基于本研究以及前人的研究成果，分析不同企业声望、不同危机应对方式下消费者对事件门店和连锁企业的感知风险、购买意愿、品牌信任和品牌忠诚的影响，对促销企业提出危机后的最佳应对方式及有效开展促销的对策建议。

1.3.3 结构安排

本研究的逻辑思路和内容如下：

第1章：绪论。从促销伤害危机发生后如何修复与消费者之间关系这一现实问题出发，结合促销伤害危机的研究现状，提出本研究要解决的问题，介绍本研究将要采用的研究方法、研究路线、结构安排、研究创新以及将要取得的成果对理论和实践的重要意义。

第2章：文献综述。在本章中通过对先前促销伤害危机相关文献的研究和综合分析，得到一些有价值的启示，确认研究机会和研究价值，为研究模型的建立与假设提供坚实的理论基础。

第3章：促销伤害危机及其企业应对。从理论上科学界定促销伤害危机的定义及研究范畴，对促销伤害危机进行科学分类，对企业应对方式进行全面归纳总结，丰富促销伤害危机理论同时为下一步研究打下理论基础。

第4章：理论基础与模型构建。本章首先讨论研究模型形成的理论基础：感知风险理论、公平理论、品牌信任理论和期望—证据理论，并一一论述这些理论在促销伤害危机中的作用机理。在此基础上形成本研究的概念模型，并提出有关变量关系的17个研究假设。

第5章：实证研究方法和问卷设计。本章介绍实证研究方法的具体应用，问卷中感知风险、品牌信任、购买意愿、品牌忠诚四个变量如何测量，刺激物的具体设计，问卷结构，抽样设计，BP神经网络算法。

第6章：数据分析与假设检验。本章通过BP神经网络计算方法，实证检验第四章所提出的17个研究假设，并对相关的结果进行讨论，得出本研究的主要结论。

第7章：研究结论与展望。本章主要讨论研究假说检验的结果并进行分析，研究管理结论对管理带来的启示，陈述本研究的成果创新和理论贡献，总结本研究的局限，展望未来的研究方向。

1.4 研究意义与创新

1.4.1 研究意义

1.4.1.1 理论意义

从理论上来看，本研究成果不仅完善了营销安全研究的内容，推动了促销伤害危机的研究，而且为解释现实中的某些现象提供了理论支撑，具体表现在以下两点：

第一，本研究通过对现实中促销伤害危机案例的研究，定义促销伤害危机的概念，在对危机进行分类的基础上，对研究重点——零售商促销伤害危机进行科学划分，并对两类零售商促销伤害危机应对方式进行分析、归纳、总结、比较，这些研究拓展了促销伤害危机的研究空间，丰富了促销伤害危机的理论。

第二，本研究构建了不同促销伤害危机中不同连锁超市声望、不同应对方式下影响消费者感知风险、购买意愿、品牌信任和品牌忠诚的概念模型，并通过实证研究验证连锁超市声望、顾客个体差异、企业应对方式对消费者感知风险、购买意愿、品牌信任和品牌忠诚的影响情况。这些研究为梳理促销伤害危机发生后消费者行为认知的变化，以及企业选择恰当的应对方式提供了一个理论框架。

1.4.1.2 现实意义

从现实中来看，研究成果能够帮助企业更好地了解促销伤害危机对消费者行为认知的影响，为企业在危机后尽快修复与消费者之间的关系提供有益的参考，同时让企业进一步了解促销伤害带来的直接负面效应，从而更有助于规范其自身的促销行为，着眼于企业的长远发展，打造更加有效的促销组合，通过增进消费者的品牌信任，建立起消费者的品牌忠诚。

1.4.2 研究创新

通过研究促销伤害危机对消费者购买意愿和品牌忠诚的影响，本研究共有四个创新点：

第一，对促销伤害危机的概念进行界定，对促销伤害危机及其应对方式进行分类，拓展营销安全理论的研究领域，发现促销伤害危机研究的机会所在。通过对现实案例的详细研究，根据促销伤害危机造成消费者伤害的客观性标准，将零售商促销伤害危机分为人身促销伤害危机和财务促销伤害危机，并对两类促销伤害危机发生后企业的应对方式进行了归纳、分类。

第二，构建促销伤害危机对消费者购买意愿和品牌忠诚影响的概念模型。通过心理学、生理学和市场营销等领域的文献研究和对现实案例的观察，找到在促销伤害危机中可能会影响顾客购买意愿和品牌忠诚的两大类自变量——企业声望和应对方式，和两个中间变量——消费者感知风险和品牌信任，并构建本研究的概念模型。

第三，验证了各种促销伤害危机应对方式的优劣。通过实证研究，本研究证实了：在促销人身伤害危机中，声望高的企业最佳的应对方式是纠正措施，声望低的企业最佳的应对方式是辩解；在促销财务伤害危机中，无论声望高低，企业最佳的应对方式都是纠正措施。

第四，本研究证实在促销产品伤害危机中，消费者的某些个体差异会影响其购买意愿和品牌忠诚。

1.5 本章总结

本章首先介绍了研究的理论背景和现实背景。理论背景是理论界对促销伤害危机的范畴及其分类缺乏研究，对危机后企业采取的应对方式缺乏研究，在伤害危机对营销变量的影响缺乏实证，等等。现实背景是促销伤害危机近年来频繁发生，且发生后人们的认识不一，企业在应对方式的选择上困难重重。

针对这些理论和现实背景，本书提出要在理论上解决五个问题：促销伤害危机如何界定？应对方式如何分类？促销伤害危机发生后对消费者的感知风险、品牌信任、购买意愿和品牌忠诚有何影响？危机发生后如何应对最为恰当或者在何种情况下选择哪一种应对方式？不同的消费者选择的应对方式有无差异？在实践中，把实证研究得出的结论转化为现实中促销危机管理的建议，为政府促销监管提供理论依据，为企业解决促销危机提供借鉴。

随后本章阐述了的研究内容、目的。研究内容可以分为三个层次。第一层次是促销伤害危机的定义及其影响范畴研究；第二层次是研究危机后连锁超市声望、应对方式对消费者行为认知的影响，构建研究模型；第三层次实证研究不同类型促销伤害危机发生后连锁超市声望、应对方式对消费者感知风险、品牌信任、购买意愿、品牌忠诚的影响情况，同时将消费者性别、年龄作为调节变量研究不同个体的影响参数。第一个层次是第二、三层次的研究支撑。研究目标是要解决理论上的五个问题和实践中的两个问题。

在阐述了研究的方法、步骤、文章结构之后，最后归纳了本研究的创新在于四点：第一，对促销伤害危机的概念进行了界定，对促销伤害危机及其应对方式进行了分类，拓展了营销安全理论的研究领域，发现了促销伤害危机研究的机会所在；第二，构建了促销伤害危机对消费者感知风险、购买意愿、品牌信任和品牌忠诚影响的概念模型；第三，验证了各种促销伤害危机应对方式的优劣；第四，证实了在促销产品伤害危机中，消费者的某些个体差异会影响其购买意愿和品牌忠诚。

2 文献综述

2.1 促销与促销伤害

2.1.1 促销的一般定义及分类

在现实生活中，促销现象随处可见，作为一种学术用语，其定义涵盖范围甚广。在市场营销理论中，促销有广义与狭义之分。在《行销管理学》一书中，菲利普·科特勒对此给出了一个比较全面的解释。他指出，从广义上来讲，促销实际上就是企业为了改善销售现状而采取的一系列沟通方法，即企业应用广告、销售促进、人员推销和公共关系等组成的组合工具以刺激目标顾客，使其产生立即的购买反应；从狭义上来讲，促销是企业采取各种诱因工具达到刺激顾客、增加购买的手段。

针对零售促销，罗伯特（Robert C）等人于1993年特别提出零售促销是针对最终消费者的一种促销方式。零售型企业为达到刺激消费的目的而采取的包括发布信息、打折优惠等方法都属于零售促销的范畴（美国市场营销协会）。而查阅国内相关资料，零售业中促销的含义往往都被涵盖于销售促进之中，邝鸿在《现代市场学》一书中也提到，美国零售业中的促销同样定位在这一层含义上。因此，为了使文章更加规范，本研究所提及的促销均指狭义促销，即销售促进。

根据实际的案例调查，结合李先国在《商家如何运用折价促销》一文中的论述，以及曹小春在《零售企业营销实务》一书中的观点，零售商最普遍使用的促销手段共分为五类，具体分类如表 2.1 所示：

表 2.1　　零售促销分类表

零售促销类型	具体内容
气氛类促销	通过对色彩、音乐、气味、陈列、走道、地板、布局等的安排，创造一个对消费者有吸引力的氛围
事件类促销	通过周年庆典、节假日、清仓等具体事件开展促销活动
价格类促销	通过降价、返券、打折等形式形成价格优势吸引消费者
赠品类促销	通过满一定金额即奉送与购买产品相关或不相关的其他产品来吸引消费者
抽奖类促销	通过满一定金额即参加抽奖从而获得礼品或现金来吸引消费者

2.1.2　不规范促销行为的界定

通过文献检索发现，田玲在其硕士论文《大型超市虚假促销对消费情感与购买意愿的影响研究》中认为，虚假零售促销是指零售商在促销过程中，为吸引消费者、短期内扩大销售获利而使用的虚假的、与事实不符的促销借口、促销期限、促销范围和促销方式。2006 年我国商务部颁布了《零售商促销行为管理办法》，将零售商的不规范促销行为归纳为五个方面：一是不实宣传，指零售商在宣传时不向消费者明示促销活动的限制性条件、例外商品等，损害了消费者的知情权，或以虚假的清仓、拆迁、停业等事由开展促销活动，欺骗消费者。二是价格欺诈，指零售商以频繁打折、降价等方式进行促销，以虚高原价迷惑、欺骗消费者，扰乱零售行业的竞争秩序。三是限制消费者合法权益，零售商往往规定促销商品不退不换，或以保留最终解释权等名义，免除自己的责任，使消费者权利受到侵害。四是缺乏安全管理措施，一些零售商在开展限时、限量促销活动时，造成经营场所内人员大量聚集、秩序混乱，甚至引发人身伤亡事件。五是违反商业道德，开展有违社会善良风俗的促销活动。

2.1.3 促销伤害与消费者行为反应

顾客对商品的感知价值及其由此而产生的购买意愿很容易受到外界变量的影响，而虚假夸大的商品参考价格是其中一个很重要的因素。因此这个命题受到了国外诸多学者的关注，他们相继对此进行了研究。根据门罗（Monroe）和查普曼（Chapman）（1987），格雷沃（Grewal）和门托（Montoe）（1991）所提出的关于对比价格广告的概念模型，企业通过广告向顾客传达的包括商品的参考及销售价格、顾客节省金额等方面的价格信息会对顾客产生一系列的连锁影响。顾客会据此对目标商品形成一种基于个人心理评价的质量及价格认知，这也是商品价值评判的依据，而这些主观感受最终都会体现在顾客的购买意愿上——是继续忠于该商品抑或是寻求更低价格的目标。简言之，夸大商品参考价格的虚假广告在顾客心目中形成了一种购买该商品就可以创造更多节省空间的印象，以此来提高其对商品的感知价值，最终促进其购买意愿。这一点在很多学者的研究中都得到了证实［贝姆斯（Bames），1975；贝尔顿（Bearden），1984；迪莉娅·毕特（Delia Bitta），1981；弗雷德曼（Friedman），1982；英曼（Inman），1990；凯泽和克鲁姆（Keiser and Krum), 1976；乌巴利（Urbany), 1988；瓦拉达拉金（Varadarajan), 1986]。另外，通过夸大的虚假参考价格误导顾客，进而达到促进顾客购买意愿的目标，这从另一个角度来说也就意味着减少顾客寻找更低折扣的意愿（Keiser, Krum, 1976; Urbany, 1998)。而且，广告所宣传的折扣越大，顾客感知到的价值越大，购买该商品的意愿越强烈，进而寻求更低价格商品的意愿就越不强烈［伯克维茨（Berkowitz），沃尔顿（Walton), 1980；伯顿（Burton），利希滕斯坦（Lichtenstein), 1988；Chapman, 1987; Delia Bitta et al, 1981; Friedman et al, 1982；弗赖伊（Fry），麦克唐戈（McDougall), 1974; Lichtenstein, Bearden, 1989; Lichtenstein et al, 1989；莫布雷等（Mobley et al), 1988；莫利（Moore），欧莎瓦斯基（Olshavsky), 1989；奥格尔·斯比（Oglesby), 1984；拉杜（Raju），哈斯塔克（Hastak), 1983]。在这些研究中，有一个前提即这种虚假的参考价格必须是顾客所信服的，那要是顾客心存疑虑并不完全相信时，结果是否还会一样？Urbany et al.（1998）的研究给了我们答案，即使是在这种情况下，顾客对商品的感知价值依然会受到影响。而 Lichtenstein 和 Bearden（1986), Lichtenstein（1989）指出，如果影响顾客购买决策的参考价格在顾客眼中很明显是虚假夸大的，顾客会对该品牌商品形成一种不好的印象，从而降低其感知价值及购买欲望。作为为终端消费者提供服务的零售商，在企图提供虚假的参考价格时，必须承受真相暴露时消费者可能会因受骗而最终影响其品牌忠诚与信赖的巨大风险，这对企业来说将会是致命且难以弥补的伤害，因此慎重考虑是必需的［拉里·肯姆博（Larry D. Compeau），德鲁佛·格雷沃（Dhruv Grewal），戴安娜·格雷沃（Diana S. Grewal), 1995]。这同样给了营销管理者一个重要的启示，采用广告传达价格信息要采用真实而非虚假的参考价格，这样不仅可以避免因欺骗产生的风险，最重要的是能正确引导顾客的购物倾向，使市场前景更为明亮（Moore，Olshavsky，1989），这也是企业社会责任与道德观所要求的。

与国外众多研究相比，国内的研究显得尤为稀少，卢长宝（2005）就曾针对虚假促销在理论上作过一定的研究分析，在《虚假促销对消费者认知和行为的影响》一文中，他指出，企业长时期以虚假的信息作为促销手段，会影响其在顾客心中的形象，在这种情况下，即使再采取任何诚信的促销手段，也无法扭转劣势，因为虚假欺骗的形象在顾客心中早已根深蒂固，疑价效应、疑质效应、库存效应和过时效应会使促销失效，更会导致消费者警觉性与理智的提高，使得以后的促销更加难以执行。田玲（2007）在其《虚假促销对消费情感和购买意愿的影响研究》中，通过实证分析方法进一步验证了虚假促销对消费情感和购买意愿的负面影响。

2.1.4 促销伤害与法律政策

对于虚假促销广告，究其虚假性质、欺诈行为的界定问题，美国学者给出了较多的研究结论。近年来，关于反对零售商采用比照价格的各种诉讼案件大量涌现，例如，五月百货公司（May）通过广告向消费者传达虚假的、没有任何现实产品价格作为依托的对比价格，受到了马里兰州的起诉（Grewal，1991）。不同于这种蓄意欺诈，在遗漏了一些关键信息的情况下，也有可能被界定为欺诈性行为。如果在标价时仅仅着眼于推广价而遗漏了参考价格，会直接误导消费者，影响消费者对金钱节省度的考虑，导致实际节省并没有想象中的多，这种广告同样会被认为是具有欺骗性质的［布莱尔（Blair），兰登（Landon），1981］。通过对之前研究的总结归纳，存在以下几种情况：①如果企业通过广告向消费者提供的参考价格是真实的，而且消费者只是将此作为对产品质量评判的一个参照依据，而并非完全依赖，那么这个时候的参考价格就仅仅起到一个传递信息的作用；②如果企业通过广告向消费者提供的参考价格是真实的，但是消费者并不是通过参考价值而是通过促销价格来评判产品的质量，那么在这种情况下，也不存在欺诈性行为。值得注意的是，消费者根据促销价感知到的产品质量可能会较低，从而会对该产品品牌造成一定的负面影响［索伊（Sawyer），迪克逊（Dickson），1984］；③如果企业通过广告向消费者提供的参考价格是虚假夸大的，而且消费者确实是据此对产品的质量作出了评判，此时欺诈性行为确是存在的；（4）如果企业通过广告向消费者提供的参考价格是虚假夸大的，然而消费者却没有据此而是根据促销价格来对产品的质量进行评判，那么欺诈性行为从法律的角度上看同样也是存在的。但是对于该欺骗性行为是否是实质性的，最终是否会受到法律起诉是由公平贸易委员会和律师综合办公室来决定的［理查兹（Richards），1990］。

对于如何从法律上界定促销伤害，目标企业是否应该承担责任，应该承担什么责任等相关问题的研究，国内的学者也很感兴趣，尤其是随着近年来大量虚假促销以及促销踩踏事件引起了社会各界普遍的关注，大量的研究不断涌现。在《论引人误解的虚假商业宣传行为的认定标准》一文中，刘博、向歆（2007）引进了外国关于促销研究的理论，并结合了我国于2007年开始施行的《最高人民法院关于审理不正当竞争民事案件应用法律若干问题的解释》，从国外的法律制定角度出发，对如何认定虚假促销宣传行为进行了一定程度的分析。

2.2 与促销伤害相关的研究

在现有的研究中，与促销伤害有关的研究包括：企业营销道德研究、品牌危机研究、企业负面公众信息研究、产品伤害危机研究等内容。这些研究具有一些共通之处，如：事件的发生对消费者造成直接或间接的伤害；信息的内容是负面的，对企业不利；信息具有广泛的传播性；信息的内容有时是模糊的，等等。

2.2.1 企业营销道德研究

文献检索发现，学界涉及促销伤害中的虚假促销、价格欺诈方面研究成果较多，研究者将其归为企业营销中的不道德行为。

20 世纪 50 年代末 60 年代初，尽管美国实现了第二次世界大战后经济的迅速发展，但随之而来的包括受贿、制定垄断价格、欺诈交易、污染环境等方面的企业经营丑闻也不断涌现。在社会舆论的压力下，政府不得不作出调查，并于 1962 年出具了调查报告——《对企业伦理及相应行动的声明》（A Statement on Business Ethics and a Call for Action），这主要从企业伦理道德的角度进行了研究考虑。随后越来越多的学者，包括宗教学者、哲学学者、经济学者及企业管理者开始关注这个问题。研究的内容也越来越深入化，越来越具有实际意义，其中最为重要的课题便是企业的社会责任与道德如何影响企业领导者的经济决策，以及企业在营销过程中道德性决策因素的构面研究。

针对在具体的营销过程中，究竟存在着哪些道德问题，是否存在着有效的应对策略这一方面，厄尔·克莱森（Earl A.

Clasen，1967）着重探讨了企业的营销道德与目标顾客之间存在着怎样的关系，而埃德温·保林（Edwin T. Boling，1978）则是从组织的角度对管理过程中可能出现的道德危机进行了一定程度的分析。

针对影响营销者作出道德决策的因素和决策模型这一方面，罗伯特·巴特厄斯（Robert Bartels，1967）提出了营销的一个道德模型，阿兰·安德里森（Alan Andreason）和阿瑟·贝斯特（Anthur Best，1977）从顾客抱怨的角度探讨了企业的道德应对策略。

针对营销管理者是否会参考道德因素做出决策，这其中是否存在着一定的影响因素，构建一个怎样的决策模型，Robert Bartels（1967）首先提出了关于企业营销的道德模型，Alan Andreason 和 Anthur Best（1977）则提出了关于企业营销道德的评价模型，并且根据营销失误后消费者不满的情绪和抱怨的态度出发，为营销管理者提供了一系列应对措施。随后针对不同的侧重点，各种不同角度的研究模型也相继问世。例如，杰尔拉德·卡文（Gerald F. Cavanagh），丹尼斯·伯格（Dennis J. Moberg）和曼纽尔·维拉斯奎茨（Manuel Velasquez）（1981）的道德决策树模型，吉恩·拉兹莱克（Gene R. Laczniak，1983）的问题式模型，谢尔比·亨特（Shelby D. Hunt）和斯科特·维特（Scott J. Vitell）（1986）的“亨特—维特尔模型”，肯尼斯·布来查（Kenneth Blanchard）和诺曼·皮尔（Norman V. Peale）（1988）的道德核查模型等。

这一问题同样受到了国内学者的关注，在《企业营销道德状况及其影响因素初探》一文中，甘碧群（1994）提出了商家普遍存在的违背社会道德的现象，主要表现为企业间不正当竞争手段（如价格战、虚假广告、垄断抬价）的出现，各种假冒伪劣产品此起彼伏，各种强制性捆绑式销售的升级等，无论是其中的哪一条，都充分显示出企业牟取暴利的野心，这也是以牺牲社会大众的利益为代价的；因此提升企业的社会责任感与道德伦理观就显得尤为重要，而这一研究无论在伦理界还是企业界都将会具有重要的意义。在这一背景下，我国学者从不同侧面研究了营销道德问题，到目前为止，其发表专门探讨企业营销道德的论文100多篇，这些研究成果主要探讨了企业营销道德的重要性、营销道德评价理论、营销道德失范的原因和对策、营销道德决策影响因素、具体营销领域的营销道德、企业营销行为的道德感知与测度等内容。在这些研究中有相当一部分涉及企业促销中的道德问题。

有更多的学者致力于研究如何对企业的各项营销道德水平进行测试并予以评价。欧阳电平和甘碧群（1998）通过实证研究指出，一个企业的营销道德水平一般可以通过其各项营销决策（包括营销调研、产品决策、价格决策、分销决策和促销决策）表现出来，因此对这几个方面的综合考评是一条重要的途径；甘碧群与寿志刚（2004）通过各种调研方法发现，企业营销行为的七个维度对营销道德水平的考评具有一定的影响。而且，其研发的一套测评企业营销道德水平的方法，为以后全面测试评价系统的建立奠定了重要的基础。甘碧群与曾伏娥（2004）在研究企业营销行为的道德感知与测量方面，通过实证分析提出了新的见解，从不同的立场不同的角度来看这个问题，结果是会有一定差异的，这在两个不同的市场主体（生产者与消费者）上表现得很明显。他们着眼于消费者的视角，提出了考评企业营销道德水平的五个指标：企业向外界传播的产品信息的真实性与可靠性，企业制定的产品价格的公正性与公平性，企业实行的是否是高压强制性的促销，企业是否承担了其应有的社会责任，企业是否有能力有实力利用并发展其独有的技术优势。除此之外，2007年余云珠发表了《浅谈企业在促销中的营销道德问题》，文中作者也分析了促销中存在的五大道德问题并提出了相应的对策建议。

从总体上来看，相当一部分关于营销道德的研究成果中都包含了对不道德促销行为的研究，一般研究都将企业的不道德营销行为分为产品、价格、销售渠道、促销四方面进行论述。

2.2.2 企业负面公众信息研究

2.2.2.1 负面公众信息定义

雷顿伯克（Reidenbach）等（1987）定义负面公众信息为“由印刷品、通讯媒体或口碑无补偿地传播的关于产品、服务或个人的可能有害的信息。”负面公众信息可能会与一个具体的产品有关，也可能与整个公司有关。负面公众信息不仅会使公众对产品本身的功能产生疑问，而且还会产生一些社会性的和伦理上的疑问，影响到消费者对公司或品牌价值的评判。

大卫·海兰德（David H. Henard，2002）定义负面公众信息为关于公司的“不敬的”或“中伤性的”公众信息。

在现有的研究中，学者们在探讨负面公众信息时，将产品伤害危机、服务伤害危机、品牌危机等内容都与负面公众信息相联系。

2.2.2.2 影响消费者处理负面公众信息的因素

（1）负面信息

David H. Henard（2002）指出，个体在评估信息时，相较于正面信息，会更多地关注那些负面信息。这种现象被称为“负偏差”。简单地说，负面信息较于正面信息，能够更大程度地捕捉到人们的注意力。作为一种宣传工具，负面信息隐藏着两个陷阱，第一是个人会对负面信息支付比正面信息更多的注意力，第二是负面信息往往比正面信息萦绕在人们心中的时间更久。具有讽刺意味的是，即便在负面信息已经经过清晰和无可争议的驳斥后，一般公众仍会保留一些挥之不去的怀疑，仍然会对其宣传产生负面情绪。

（2）消息来源可靠性

伊格利（Eagly）、伍德（Wood）和查可基（Chaikeji）（1978）指出，可靠性高的信息来源使得信息接受者对于信息的重视度更高，因而这样的信息对信息接受者的态度有更大的影响。瑞切丝（Richines，1984）认为对于可预料的正面信息，人们受其影响程度低，而负面信息在人们的意料之外，反而更容易被相信。温纳（Weiner）和莫文（Mowen）（1986）发现当信息来源被认为会有偏向时，它们所传播的主要信息的作用被降低了。以上研究者认为信息来源越可靠，信息对接受者的影响越大。然而有研究者却得出了相反的结论。维格纳（Wegner）、温斯拉夫（Wenzlaff）、柯尔克（Kerker）和贝蒂（Beattie）（1981）的研究表明，不同可靠性的信息来源对信息接受者的暗示作用是一样的。罗森包姆（Rosenbaum）和莱文（Levin）（1969）也发现信息来源的可靠性并不能影响负面信息对信息接受者的作用。麦琪·格里芬（Mitch Griffin）等人（1991）的研究则表明，信息来源可靠性低时，负面信息对消费者态度的影响低于可靠性高的信息来源，但是负面信息对消费者购买意愿的影响则不受信息来源可靠性程度的影响。

（3）责任归因

Mitch Griffin 等人（1991）在对负面公众信息的研究中引入了责任归因的一个维度：地点归因。他们的研究表明，当负面事件被更多地归因于应该由企业承担责任时，消费者对企业的态度会受到显著的负面影响，但是责任归因对于消费者购买意愿的影响并不十分明显。

达文·迪安（Dwane Hal Dean）（2004）在研究调查声誉、反应、责任对消费者态度的影响结果表明，企业对负面事件是否承担责任这一因素对消费者的态度影响最大。研究结果显示，通过沟通努力取得的良好信誉并不能弥补其造成的罪责。如果一个声誉良好的企业需要对一个悲剧性事件负责，那么参与者会大幅度地降低他们对其的评价，即使目标公司采取了适当的回应。这一调查结果是与布拉福德（Bradford）和加勒特（Garrett）（1995）的研究结果相一致的，他们指出公司会因所造成的负面事件受到消费者很低的评价，除非他们主动接受该事件的惩罚。

（4）消费者动机

David H. Henard（2002）强调了公众信息处理过程中动机的作用。有一个相当大的心理因素影响着公众如何回应负面宣传。也就是说，负面事件发生后，宣传起作用的程度取决于每个人评价负面消息的积极主动性水平。这一水平是一个关键因素，它源于个人与目标公司的相关性。这种相关性往往在一般的说服过程中起着关键作用。其作用的实质是，相对更主动者（如忠实或潜在顾客）将更关注信息的核心方面，而主动性相对较低者（如偶然或非客户）则仅仅只是依靠简单的、带个人情绪的线索理解信息，从而发展其对负面宣传的回应。非客户更倾向于被负面宣传左右。相反，忠诚的客户就较少受公司负面宣传的影响，他们更容易拒绝与其对公司持有的正面看法不符的信息；此外，这些人还更倾向对负面宣传进行反驳。因此这是公司青睐的强大力量。然而，企业也必须注意，负面宣传仍然会在一定程度上对忠实消费者的行为产生不利的影响。

2.2.2.3 负面公众信息与公司声誉和企业社会责任形象

（1）公司声誉

Dwane Hal Dean（2004）对负面公众事件发生后不同的时间点，公司的早前声誉对消费者的态度影响进行了研究。他的研究表明，在事件发生的早期，事件责任问题含糊不清，而公司没有进行应对时，由于消费者对好声誉的公司有更高的期望，因而消费者会产生偏见，继续支持该公司，不论公司是否适当地回应负面事件。相反的，消费者对坏声誉的公司期望不大，在这个时间点消费者的期望不会给公司带来有利的偏见，因而，消费者将根据坏声誉公司的事件应对方式进行判断。而在公司进行了对负面事件的应对后，公司声誉对消费者的态度影响则不同。如果公司进行了适当的应对，那么消费者不论对好声誉的公司还是坏声誉的公司，其态度没有差别；但当应对不恰当时，消费者对原来的好声誉的公司的负面态度比对坏声誉的公司的负面态度程度更深，这是由于消费者将声誉良好的公司置于一个高标准，因而认为其不恰当的反应是不够的。相反，消费者不愿意再降低他们对已经拥有一个很差评价的公司的期望了，因此他们会认为，目标公司不适当的反应是可以接受的。

同时，当好声誉的企业需要对一个悲剧性事件负责时，消费者会大幅度地降低他们对其的评价，即使目标公司采取了适当的回应。因此，良好的社会责任信誉可能是一把双刃剑。良好的声誉可以为公司带来福利，但它也意味着消费者会对其有高期望，在发生危机事件时，该公司就该采取适当的措施履行其社会责任，不适当的行动将会对其良好的商誉造成巨大的损失。

Mitch Griffin 等人（1991）的研究表明，没有产品失败经验的目标公司在发生负面公众事件时，将获得更多积极评价，消费者的购买意图受到的影响也较小。这说明了产品历史的重要性，也增强了保持强大的企业形象的重要性。消费者对以前曾出现过的产品问题的了解，以及一个不好的声誉都将使消费者对当前事件产生负面反应。因此，用一种积极和及时的方式面对负面宣传事件，不仅直接有利于公司，而且还能为将来可能发生的事提供保障。

（2）企业社会责任形象

乔利·凡哈默（Joelle Vanhamme）和巴斯·戈本（Bas Grobben）（2009）探讨了公司致力于社会责任的时间长短是否会作为一种有效的沟通工具，进而影响其在应对负面公众信息时的效果。在危机沟通交流中，那些拥有长期企业社会责任史的公司会比那些只有短期企业社会责任史的公司在使用企业社会责任宣传方面更有效。

乔利·凡哈默和巴斯·戈本（2009）认为，当危机爆发时，若一个企业已经长期参与企业社会责任活动，那这个公司不仅不会被认为是投机取巧，还可以享有比只有短期参与企业社会责任活动经历的企业更好的声誉。

同时他们还指出当公司面临危机时，应该谨慎地使用企业社会责任作为一种工具来捍卫自己的名誉。长期参与企业社会责任活动的公司有权利向公众提起自己做过的善举而不会引起消费者的怀疑。然而，才开始参与企业社会责任项目的公司还没有获得这种权利。短期参与企业社会责任经历的企业使用企业社会责任宣传可能会引发大众怀疑其潜在的动机，从而导致大众对公司及其产品和诚信更多负面的看法。因此，使用公司企业社会责任短期的经历作为一种手段来捍卫其声誉似乎只是一个噱头或捷径。与此相反，拥有长期企业社会责任历史的公司将危机当作一次偶然事件来处理，并不会引起消费者的怀疑。

2.2.2.4　消费者品牌忠诚与负面公众信息

罗西尼·阿鲁瓦利（Rohini Ahluwalia）、罗伯特·贝克兰特（Robert E. Burnkrant）和雷奥·乌拉瓦（H. Rao Unnava）（2000）研究了品牌忠诚对于负面公众事件中消费者反应的调节作用。他们指出，消费者的特征，尤其是目标品牌忠诚度，可以调节消费者负面宣传的处理过程及其影响。高/低忠诚度的消费者的反应模式有很大的不同。忠诚于一个品牌的消费者会本能地反驳关于该品牌的任何负面信息。这些防御过程减轻了负面信息的不良影响，因为它们减少了消费者态度降低的可能性。相反，低忠诚度的消费者只会在较小的程度上反驳负面信息。而且，尽管低忠诚度的消费者可能会表现出来与高忠诚度的消费者同样喜欢这个品牌，但是当他们接触到有关它的负面信息时，则会表现出更大的态度改变并且提高态度的矛盾性。这种忠诚度的降低是由他们对负面信息的诊断性认知决定的。

具体地说，当消费者对目标产品的忠诚度较低时，由负面信息引起的负面效应更有可能出现。而当消费者的产品忠诚度较高时，不仅不会出现负面效应，消费者反而认为该品牌的正面信息会比负面信息更具有认知诊断性价值。这一负面效应的逆转再一次证明了，忠诚度作为负面效应调节者的强大力量。它不仅使消费者抵制关于该公司的负面信息，而且增强了其正面宣传的影响力。研究还表明，在模棱两可的措施下，负面信息的影响力会表现得更加清楚。

2.2.2.5 负面公众信息的应对方式研究

(1) 公司应对的类型和作用

麦琪·格里芬（Mitch Griffin）等人（1991）对企业负面公众信息情形下，企业应对对公司形象恢复的作用进行了研究。他们研究了公司应对中的否认、完全忽略无反应、进行补救三种应对状况，其研究的结果表明，公司不同应对对消费者的态度和购买意愿有显著的影响。此外，无论对于哪一个情境因素，对负面宣传的补救措施都可以帮助恢复公司的形象。大部分的实验主体为目标公司应如何处理负面宣传的事件提出了建议，当提到否认和无反应策略时，“诚实”是最常用到的一个词。在这种情况下，超过一半（56%）的受试者提出了一些目标公司诚实处理的建议。一般情况下，受试者希望目标公司面对而不是逃避问题。

达文·迪安（2004）的研究表明，负面事件后的公司应对对消费者态度有显著的作用。对那些危机受害者给予公平、同情的反应的公司会比那些缺乏公平、同情反应，反而试图转移责任的公司得到消费者更多的尊重和认可，这一结果与公平理论是一致的。

达文·迪安（2002）将公司回应分为完全不回应、直接回应和合适的回应三种。负面宣传的目标公司有机会对攻击作出回应。在应对负面宣传时，组织的代言人必须要有能力去塑造公众对负面宣传的反应。个人往往会更加关注那些负面信息，这种影响也突出强调了公司回应任何负面宣传的重要性，因为该反应的性质会或提高或降低负面宣传的心理影响。

一般来说，发言人有两种可供选择的战略。他们可以就负面消息选择回应或不回应公众。如果公司选择回应，就可以选择使用一个直接或合格的回应。直接的回应就是发表一个支持公司的声明，而合格的回应除了要提出正面的信息，还必须了解负面宣传中一些对消费者来说可能不怎么重要的信息。在负面宣传领域，一个直接的回应可能只涉及对负面消息的驳斥，而没有任何关于对负面消息有效性的认识。一个合格的回应会承认负面信息中很少一部分的有效性，而不是全盘否决。因为公司承认负面消息中一些方面的有效性是非典型的反应，因此它可能会导致一些人认为该公司的回应更诚实、更真实。鉴于消极偏见的存在，公司不回应或反驳负面信息可能会通过含蓄地加强原有的负面宣传效应来提高对忠诚客户运动的有害影响。因此，“无可奉告”一般不被认为是一种可行的公司回应。

（2）公司回应应遵循的原则

达文·迪安（2002）提出了公司回应应当遵循的原则。第一，了解动态情况。了解客户不会按统一的方式回应负面宣传对公司管理很重要。负面宣传不应被视为一种普遍的伤害，它允许公司从一个完全知情的制高点清楚地衡量情况，并制定有效的战略回应。第二，始终保持对负面宣传的响应。公司发言人必须回应负面宣传，以重新树立潜在顾客的忠诚度和购买意愿。此外，该公司的应对策略应主要面向其最有可能的客户。第三，未雨绸缪，提前做好规划。一些学者认为企业面对危机应预先计划，以便其代言人在具体操作过程中可以处于相对强势的地位。提前规划有两种方式：传统的方法即评估市场环境，为任何潜在的负面宣传提前制订应对策略。另一种方法是开展一系列活动以增加忠实客户和潜在客户的数量。

（3）公司应对对消费者认知过程与情感过程的影响

吉塔·梅农（Geeta Menon）等（1999）研究了负面公众信息下的公司应对对消费者认知过程与情感过程的影响作用。公司应对的内容包括不提供关于负面事件的信息和对负面事件进行解释两种情况，公司应对的态度包括弱应对和强应对。研究表明，公司是否提供关于负面事件的信息会影响消费者的认知过程，而公司应对的态度会影响消费者的情感过程。

较之于做出较弱解释的情况，消费者对品牌的态度会在该品牌公司做出强烈解释的情况下表现得更积极，而在没有任何解释的情况下，消费者的态度会表现得最不积极。很显然，消费者很难原谅一个公司不对负面事件做出回应，即使公司有这样做的法律依据。公司若做出“无可奉告”的回应会引起更多负面认知，强烈回应与较弱回应引起的负面认知量也有很大的差异。

总之，当一个公司遭受负面宣传时，消费者消极负面的认知反应和情感反应都会调节其对公司的态度变化。以公司强烈态度表明不对负面事件做回应，会让消费者产生消极负面的认知反应和情感反应；仅仅指出公司因法律诉讼而无法做出任何回应是不够的；仅仅做出较弱的回应也会同没有做出回应一样损害公司及其品牌的形象。因此，如果要发表声明，最好是强烈的回应。

2.2.2.6 负面公众事件后的消费者信任建立

谢艺和彭思勒（2009）建立了一个结构模型来研究负面公众事件后的企业三种修复策略（情感修复、功能性修复和信息修复）对企业诚信因素（能力、善意、正直）的影响，进而影响消费者的宽恕和信任。结果表明，情感的、功能性和信息化的努力都对重建一个诚信的企业形象并赢得消费者宽恕有促进作用。此外，在企业应对负面宣传所表现出来的诚信观念与调节后所形成的信任之间的链接部分，消费者宽恕发挥着一定的调解作用。研究得出了以下结论：

不同修复策略所影响的消费者态度是不同的。情感性的修复有助于提高消费者对于企业正直、善意的评价，功能性的修复有助于提高消费者对于企业能力的评价，信息修复有助于提高消费者对企业正直和能力的评价。

不同的修复策略对消费者态度改变的作用也是不同的。通过对能力、正直和善意与修复工作相关系数的比较，将诚信各方面不同的影响因素形成一个清晰的模式。具体来说，该模式显示出，在塑造一种正直善意的形象过程中，情感方面的倡议起着最主要的作用。此外，为了提高消费者对公司有关能力的判断，公司应当在信任修复期间注重提供足够的信息资料。功能性修复的作用并没有预期中那么强大，如进行经济补偿和加强管理程序以避免事件复发，在提升公司能力方面都仅仅起到了轻微的积极作用，这比信息修复的效果弱。虽然在负面宣传发生后，关于目标公司采取了什么具体以及经济的修复都是消费者急需要知道的重要信息，但其他的如问题处理的细节以及事实证据也是非常必要的。此外，尽管功能性修复对提升企业的正直和善意形象有很显著的作用，但是仅仅通过这一种方式来表达企业的善意是没有效果的。相反，对于情感修复方式，比如说一个真诚的道歉，由于其本身的情感特质，便可以作为一个强有力的方式来彰显企业的正直和善意。

重建一个值得信赖的形象，赢得消费者的宽恕是修复消费者信心至关重要的步骤。如果目标公司在危机处理过程中成功地展示了其正直、善意、有能力的一面，人们更有可能会原谅它们的过错并重新信任它们。此外，企业通过情感修复方式来传达对消费者的善意，也完全是由消费者宽恕来调节的，这意味着在信任修复过程中，要使应对消费者信心瓦解的情感性策略起作用，必须要在消费者宽恕存在且起推动作用的情况下进行。因此公司在危机处理过程中只有展现高能力，而不是通过消费者宽恕，才能直接促进信心的重建。

2.2.2.7 负面公众信息在品牌组合中的溢出效应研究

雷京（Jing Lei）、尼拉杰·戴维（Niraj Dawar）和乔斯·雷明克（Jos Lemmink）研究了负面公众信息在品牌组合中的溢出效应。研究表明，负面公众信息在品牌组合中的溢出效应与危机的严重程度、品牌关联的强度、危机责任归因有关。相较于与目标品牌联系较弱的品牌，目标品牌爆发的严重危机相对于与其关联性较强的品牌会产生较强的负面溢出效应，在不严重的危机中较少存在这种差异。相较于与目标品牌联系较弱的品牌，不管是由公司内部可以控制还是不可以控制的原因引起的危机，都会对与其关联性较强的品牌产生较强的负面溢出效应，在由外部不可控的原因引起的危机中较少存在这种差异。这些结果表明，品牌间的网络结构，即关联性的强度，会在危机被认为是由公司内部的原因引起的情况下影响溢出效应的大小。

当这种危机的主要信息如归因呈现在大众面前时，其他危机信息的影响将减弱甚至消失。此外，这项研究还证实了信息的归因形成了更新消费者的判断（如对品牌的评价）的基础。

从管理角度来看，这项研究的结果可以使管理人员不仅关注品牌间的关系，还可以通过负面信息本身的特征来预测品牌组合情况下的溢出效应模式。

2.2.3 品牌危机研究

2.2.3.1 品牌危机概论

（1）品牌危机的定义

在国内诸多学者的研究中均提到，品牌危机是指在经营管理、提供服务及公关关系等方面，由于各种因素的突变，包括企业自身、竞争对手、顾客或其他外部环境等因素，以及由于品牌运营或营销管理的失常，从而导致品牌整体形象受到负面影响，同时在很短的时间内波及广大社会公众，使其对品牌产生不信任感，进而大幅度降低企业品牌价值，甚至导致企业陷入一种危及生存的状态。

崔鑫生（2005）从另一个角度对品牌危机进行了阐述，即代表企业品牌高质产品和优质服务的"名称、术语、标记、符号、设计及其组合运用"的辨别功能的丧失，最直接就表现为企业产品的认可度下降，市场占有率降低，有时甚至会直接影响企业后续产品的推出。

（2）品牌危机的特性

马克态（2007）提出，品牌危机具有如下特征：突发性、媒体的关注度高、危害大及来势猛烈。其中突发性是主要也是首要特征。孟华兴、黄荣（2007）认为品牌危机的发生不是个别的偶然事件，因为企业不可能时刻保持对品牌各个方面的有力监控，因此在以上基础上提出了品牌危机的必然性。

陈湘青（2004）也提出了品牌危机的另外两个特征：蔓延性与被动性。前者指在各种新兴通信方式的广泛应用之下，负面消息得以快速传播；后者则是由其突发性特征衍生出来的，由于品牌危机事发突然，企业往往仓促应战，因此带有较强的被动性。

（3）品牌危机的成因

沈云林（2005）指出品牌危机的产生与近因效应有关。他从美国心理学家卢钦斯（A. S. Luchins）于1958年和1960年做的一个连续实验中发现近因效应的正负之分，因此对于印象的改变有正和负两方面的意义，而实践中应当趋其利而避其害。他由此认为品牌危机产生的机理实际上就是负近因效应，即新出现的负面信息对良好的产品印象具有反转作用。

祝合良教授认为，造成品牌危机的原因很多，诸如产品出现质量问题、新产品更新不当、品牌延伸不当、品牌合并或兼并不当、品牌授权经营不当、品牌创新不足、品牌欺骗、品牌冲突、更换品牌名称与标识都会引起品牌危机。

李安云（2009）认为除了产品质量存在问题这一基本方面以外，由品牌的个性定位不正确、品牌的盲目延伸、品牌传播广告费的过度投入、过度的价格战所导致的品牌营销策略的失误以及市场经济、技术、竞争等环境的改变同样会导致品牌危机的发生。张丽莲（2009）在此基础上进行了更深入的分析，并提出环境改变是品牌危机发生的直接诱因，而企业管理和品牌管理不善才是更深层次的原因，具体表现为：企业品牌文化淡薄、品牌核心价值缺乏、品牌战略规划缺失。

周智敏（2010）从三个方面阐述了品牌危机的形成原因：①从企业层面来说，包括企业缺乏品牌危机意识、产品质量存在缺陷、经营管理不善、自身沟通机制不够健全。②从行业层面来说，包括因同行竞争（尤其是排他性恶意竞争）及行业危机引发的品牌危机。③从环境层面来说，包括政府政策环境和市场大环境的变化所引发的品牌危机。

（4）品牌危机的类型

李兴国（2006）从感受的视角对品牌危机进行了解析并将

其分为三类：感受到的真实危机、感受到的虚假危机以及未感受到的真实危机。

孙文（2003）把品牌危机分为系统性危机（不可控）和非系统性危机（可控）。前者作用于全体与之有关的品牌，是由品牌所处的大环境的变动带来的危机，具有突发性。而后者则是指个案性问题导致的品牌危机，更为频繁，更为宽泛。

柳锦铭（2007）从几个不同的角度对品牌危机的类型进行了分析：①从危机表象上看，其表现为由各种对品牌不利的危机事件引发的社会公众的关注与抵制，从而给企业造成一系列的品牌关系压力，最终导致品牌忠诚度降低、品牌市场占有率减少、组织混乱等后果。②从形态来看，可分为突发性和渐进性两类。突发性品牌危机是某一突发事件对品牌造成的冲击，而其他原因所引起的大多为渐进性品牌危机，由于前者具有很大的新闻价值，因此人们更偏向于关注突发性品牌危机。③从程度上看，可分为严重破坏型和轻微损伤型两类。其实不管是哪一类，都会对该品牌产生负面甚至是毁灭性的影响。

韦晓菡（2007）对从形态上划分的突发型、渐进型两类品牌危机进行了更深入的分析说明。此外，还提出了从性质不同的角度来进行分类，包括产品质量问题引发的危机与非产品质量问题引发的危机。

2.2.3.2　品牌危机反应

（1）反应态度

吴子敬（2007）指出，在品牌危机被曝光的情况下，企业应该采取积极主动的态度，诚实地面对社会公众，不要企图掩饰自己的错误。如果采取隐瞒真相的错误做法，只会适得其反，从而造成负面影响的不断扩大。当然，在这个时候，危机沟通就显得极为重要，有效地沟通可以缓解事态，而沟通不当则会引起进一步猜疑，使事态恶化。

杨音（2005）认为品牌危机爆发以后，随之而来的政府部门和新闻媒体的介入会使企业处于不利的负面舆论之中，这时企业若是傲慢无礼或推脱责任只会引起社会各界更大的反感和指责，只有正确面对现实，将企业所掌握的真实情况如实地向社会各界予以公布，以诚挚的态度、负起责任的勇气、解决问题的决心来对待，才能赢回消费者的信任。

崔鑫生（2005）也表示，面对品牌危机，最重要的是要有诚信精神，以诚恳的态度，向公众做出坦诚的回应。同时，企业还应表明积极的态度，向媒体和公众展示其社会责任心，扭转危机带来的负面影响。

（2）反应原则

王靓（2007）在其研究中指出，应对品牌危机处理应坚持以下原则：快速反应原则、主动性原则、统一性原则、全员性原则、人道主义原则。

（3）反应管理

李君（2010）指出，要对品牌危机反应进行有效管理，必须从以下几个方面做出努力：①组建危机管理指挥中心；②处理好与媒体的关系，尽量使媒体多表达对企业积极正面的报道，避免或减少媒体对负面新闻的烘托和炒作；③处理好与企业内部员工以及企业外部的沟通；④做好形象管理，显示企业的社会责任感。

2.2.3.3 品牌危机公关

（1）品牌危机公关的定义及其分类

刘怀宇、韩福荣（2005）指出，品牌危机公关是指在危机事件发生以后，该品牌企业与媒体、政府相关部门或权威机构等社会主体积极配合，保持和社会各界的适时真实沟通，并采取一系列有效的实际行动挽回危机事件带来的各方面损失，维护消费者权益，加强消费者与品牌之间的信任，最终达到重塑良好品牌形象的效果。

江富强（2007）也指出，企业品牌危机公关包括内部公关和外部公关。内部公关主要针对公司内部的员工；而外部公关的主要对象包括媒体、政府、行业协会、消费者以及经销商、供应商、银行等战略合作伙伴。

（2）品牌危机公关策略

孙文（2003）认为良好的公关态度必须要反应迅速、态度诚恳并且能够立即消除危机源。想要进行成功的品牌危机公关，首先要利用媒体公关，尽快召开记者会澄清事实，借助于专家、学者、政府官员及媒体记者的力量挽回声誉；其次是进行形象公关，搞好政府主管部门的公关活动，并通过一系列正面的公关行为，向社会展示企业的社会责任，也可以利用公关广告来树立形象。

吴子敬（2007）提出，品牌危机公关的成败一定程度上取决于危机公关传播是否成功。一旦危机爆发，企业必须坦诚地承认自己的错误，虚心地接受社会各界的批评，并展开积极的挽救措施，重塑社会各界对企业的信任。

杨音（2005）认为在进行危机公关的过程中，正确利用媒体的介入可以有效引导社会舆论，因此要特别注意处理好企业与媒介的关系，在品牌危机爆发后，主动借助媒体的力量与社会公众进行交流沟通，引导各界舆论向有利于缓和甚至解决危机的方向发展。

2.2.3.4 品牌危机管理

（1）品牌危机管理的定义

品牌危机管理是指企业在品牌经营过程中针对该品牌可能面临或正在面临的危机，包括危机防范、危机的处理及危机的利用等一系列管理活动的总称（程劲芝，2004）。韦晓菡（2007）指出，品牌危机管理指在品牌生命周期中，采取恰当的管理活动，以尽可能避免导致品牌价值损失事件的发生，以及在发生品牌危机后尽可能降低品牌价值的损失。李君（2010）则认为品牌危机管理，即企业对品牌的维护管理，包括预防危机的产生，危机产生时的解决行为，以及危机后期的对品牌形象的修善行为。

（2）品牌危机的防范

张丽莲（2009）提出了品牌危机的防范策略：唤起全员危机意识，制订并严格实施品牌日常管理制度；建立有效的品牌危机预警系统，实施品牌自我诊断制度；改善企业管理，优化品牌管理体制；加强品牌全方位管理，制定品牌战略规划；科学实施品牌延伸战略，适当开发子品牌；树立良好的品牌形象，培养顾客忠诚度。

吴狄亚、卢冰（2002）认为，品牌危机的防范包含两层含义：避免品牌危机的发生，即排除可能潜伏的品牌危机，把危机忧患消灭于萌芽之中；针对各种可能引发品牌危机的因素，制订好各种危机处理预案。

周智敏（2010）对建立品牌危机预警机制提出了一系列有效的措施。他从企业品牌危机产生的原因出发，提出一个高效、灵活的品牌危机预警机制需要同时立足于企业、行业、政府三个层面。

（3）品牌危机的处理

韦晓菡（2007）认为品牌危机的处理应当着重于对已发生危机的处理，力图减少危机带来的伤害和扭转危机对品牌形象的冲击。在采取处理措施时，要坚持主动性原则、快捷性原则、诚意性原则、真实性原则、统一性原则、全员性原则以及创新原则。

李安云（2009）提出品牌危机的处理模式由启动预案，制订品牌危机处理方案；应对品牌危机；恢复和重塑品牌形象，即：制订方案、应对危机、恢复和重塑三个阶段组成。

周娜（2005）从品牌战略管理的角度，提出了品牌危机处理的要点：具有高度的危机管理意识；把握时机，建立健全危机反应机制；采取积极的态度应对；主动出击，将危机转化为机遇；积极利用已有的品牌文化。

孟华兴和黄荣（2007）认为品牌危机的实质是信任危机，不是产品本身的危机，而是消费者对整个品牌产生了不信任。品牌危机处理的本质就是重塑消费者品牌信任，关键就在于真诚和快捷。因此基于信任恢复，他们提出了品牌危机处理策略：快速反应，及时行动；真诚面对消费者，及时与媒体沟通；查清事实，用证据说话；恢复消费者信任；在危机中树立品牌。

（4）品牌危机的善后恢复工作

吴子敬（2007）指出，品牌危机的善后工作主要包括遗留问题处理和滞后效应处理。关于遗留问题处理，就企业外部而言，企业要将危机相关的真实情况公之于众，并承担起应负的责任；就企业内部而言，企业管理人员应加强与员工的沟通，促进复原工作的开展。关于滞后效应处理，公司必须重塑利益相关者对公司的信心，时刻关注社会各界对公司的态度，采取积极的措施来维护品牌形象。

李君（2010）也指出品牌危机的恢复工作包括对内和对外两个部分。企业对内应及时加强员工教育，对外要具体问题具体分析。尤为重要的是继续开展企业形象宣传，重塑企业形象，切实落实兑现承诺、加大品牌促销力度、强化品牌形象、适应市场变化、进行品牌更新，这是品牌重生不可或缺的条件。这与王梅（2006）的观点一致，当危机事态得以控制之后，企业首要的目标就是恢复品牌形象。只要处理得当，危机同样可以带来正效应，增加品牌的曝光率和知名度。

根据以上所陈述的国内品牌危机的研究内容，可以发现当前关于品牌危机的研究主要集中于以下三个方面：

一是对品牌危机的概念、特性的研究，在这方面的研究基本已形成体系，为下一步研究提供了基础。

二是结合品牌发展中遇到的各种实际问题，加以归纳总结，从而罗列出不同的品牌危机类型以及危机的成因。

三是针对危机提出对策，尤其是对品牌危机管理的研究。大多数学者对于品牌危机进行多角度研究之后，提出各种实务性对策，对于企业品牌危机管理具有重要的借鉴意义。

2.2.4 产品伤害危机研究

文献检索发现，与促销伤害危机相关的产品伤害危机的研究较多。

2.2.4.1 产品伤害危机的含义及分类

产品伤害危机是指偶尔出现并被广泛宣传的关于某个产品是有缺陷或是对消费者有危险的事件［西蒙克斯（Siomkos），柯尔巴德（Kurzbard），1994］[①]。方正（2007）在史密斯（Smith）和 Larry（2003）对产品责任危机分类的基础上，通过对现实产品伤害危机案例的观察，根据产品伤害危机中产品缺陷是否违反相关产品法规和安全标准，将产品伤害危机分为可辩解型产品伤害危机和不可辩解型产品伤害危机两大类。

2.2.4.2 产品伤害危机的应对方式

Siomkos 和 Kurzbard（1994）提出了处在危机之中的企业由坚决否认、强制召回、主动召回、积极承担责任四种应对方式组成的“公司应对方式连续集”的概念。

Niraj Dawar 和马丹·皮鲁特拉（Madan M. Pillutla）（2000）

---

① Siomkos, George J, Kurzbard, Gary（1994）, The Hidden Crisis in Product－harm Crisis management, European Journal of Marketing,（2）: 30－41

认为[①]，在现实中，公司对产品伤害危机的应对态度有坚决否认和积极承担责任两种，而绝大多数情况处于这两者之间。

王晓玉、吴纪元和晁钢令（2005）[②] 在研究产品伤害危机对中国消费者的影响时，认为产品伤害危机的应对方式是企业和专家共同作用的结果，他们将危机应对方式分为四类：①企业无响应，专家无响应；②企业承诺产品安全，专家无响应；③企业无响应，专家证实产品无害；④企业承诺产品安全，专家同时证实产品无害。

方正（2007）研究了可辩解产品伤害危机中行业应对、专家应对、政府应对三种应对主体对消费者感知危险和购买意愿的影响，指出在可辩解型产品伤害危机中，由于企业的产品未违反相关产品法规和安全标准，企业可以通过外界的力量来应对危机，澄清产品的无害性，实证结果表明，政府应对在可辩解产品伤害危机中优于行业应对。

2.2.4.3 产品伤害危机对消费者的影响研究

Siomkos 和 Kurzbard（1994）提出，由于产品危害事件通常涉及产品的缺陷或产品的安全隐患，它会对消费者人身、财产与安全造成伤害，因而自然会更多地受到媒体和社会的关注，传播得更为广泛。贝尔彻（Birch，1994）和帕特森（Patterson，1993）也提出，产品复杂程度的深入，产品安全监督管理机构的增多，及消费者自我保护意识和需求的不断提升，使得产品危害事件的发生反而更加频繁。

---

① Niraj Dawar, Madan M. Pillutla (2000), "Impact of Product - harm Crisis on Brand Equity: the Moderating Role of Consumer Expectations", Journal of Marketing Research, (5): 215 - 226

② 王晓玉，吴纪元，晁钢令（2005），产品伤害危机及其处理过程对消费者的影响——基于中国消费者的实证分析，中国营销科学学术会议论文集：230 - 241

在产品伤害危机发生过程中，市场通常会接收到有关于公司和产品的各种负面信息，消费者的态度会在危机过后发生变化。因此，公司应该在危机中和消费者沟通信息，告知他们公司正在努力处理危机。上述行为的目的是为了改变消费者的感知和态度，并设法把这种感知和态度维持在危机前水平［乔利（Jolly D. W.），1984］。

Siomkos（1989）认为有三大重要因素会影响公司成功地处理好产品伤害危机，即公司的声誉、外部效应（如媒体影响）、公司对危机的反应。在此基础上，Siomkos 和 Kurzbard（1994）运用实验法对上述理论框架进行了实证研究，实证表明在产品伤害危机中，消费者对高声望企业的产品缺陷感知危险要小于低声望企业；公司声望越高，那么消费者今后对该公司其他产品的购买意愿受到的影响越小，如果公司的声誉较低，情况就会相反。外界对公司的危机应对方式做出正面回应，那么消费者对企业的产品缺陷感知危险会更小，消费者今后对该公司其他产品的购买意愿也较少受到影响。

图林（Tulin）和斯威特（Swait）（2004）提出对产品的感知危险会对品牌是否进入消费者考虑集产生影响。在此基础上，王晓玉、吴纪元和晁钢令（2005）基于中国消费者的现场试验法研究表明，不同的产品伤害危机应对情况下，消费者的感知风险不同，在对消费者考虑集的影响上，有事件无响应会对事件产品进入消费者考虑集产生负面影响；与危机事件出现却没有各方响应相比，企业响应、专家响应以及他们的双重响应会对事件产品进入消费者考虑集产生正向影响。

研究还表明，消费者的品牌忠诚和对品牌的熟悉程度会影响其对产品伤害危机的认知。Dawar 和 Pillutla（2000）认为，忠诚的消费者更倾向于对抗或者低估不利的或者敌意的信息，反驳他们喜欢的品牌的负面消息，以减少认知失调。凯瑟琳

（Kathleen，2006）等的研究也证实，危机前忠诚度高的消费者对负面信息的敏感度较低。同时，如果消费者对品牌非常熟悉，他们将较少受到负面消息的影响，反之则更加容易受负面消息的影响［阿鲁瓦利亚（Ahluwalia），2002］。但是，消费者对于自己熟悉的品牌产生伤害危机更加关注，因而在危机情形下，消费者对品牌的熟悉也会给企业带来负面影响［瑞希（Rhee），汉斯切尔德（Haunschild），2006］。

2.2.4.4 产品伤害危机与消费者统计特征变量

劳费尔（Laufer）、塞尔维拉（Silvera）和梅尔（Meyer）（2006）的研究表明，不同年龄的消费者对产品伤害危机的责备归因不同，老人在没有时间限制时，通过媒体（如报纸）得到信息，他们做出的判断比年轻人更合理，从而更少地责备公司；在对产品伤害危机并不完全清楚的情况下，老人更倾向于信任公司，较少地表现出对公司的愤怒。但是如果在有时间限制时，情况则相反。

方正（2006）的研究表明，在产品伤害危机中，老年顾客比青年顾客感知到更多的危险，即产品伤害危机对老年顾客的购买意愿、消费者考虑集、品牌资产等营销变量产生更高程度的负面影响。

Laufer 和吉莱斯皮（Gillespie）（2004）发现在产品伤害危机的责任划分不清楚时，女性消费者比男性消费者更多地将责任归因于公司，同时女性顾客比男性顾客感知的危害更严重。

2.3 文献评价

从文献中可以看出，目前理论界对促销伤害危机的研究还较少，没有形成深入而系统的研究成果，因此对促销伤害危机的研究还有很多可以深入的空间；但是在促销伤害危机相关领域的研究成果却非常丰富，这为促销伤害危机的理论研究提供了理论依据和方向指导。

具体而言，首先，现有的文献很多都是针对促销伤害危机中的某一种伤害进行的研究，研究零星，不成系统。文献主要有两类：一类是研究促销中的虚假促销、夸大参考价格促销（即虚高原价）对消费者感知价值、感知风险、消费情感、购买意愿的影响情况；另一类是研究促销伤害发生后在法律法规上如何认定、责任如何划分等问题。在促销伤害危机对消费者行为反应影响方面的研究中，田玲研究了大型超市虚假促销中的价格虚假、赠品虚假和抽奖虚假这三类虚假促销事件对消费情感和购买意愿的影响情况并进行了实证分析。Monroe 和 Chapman（1987），Grewal 和 Montoe（1991），Bames（1975），Bearden（1984）等人主要研究了虚高参考价格对消费者感知价值、购买意愿的影响并进行了实证分析。Larry D. Compeau、Dhruv Grewal 和 Diana S. Grewal（1995）提出零售商发布的不实比照价格完全暴露后消费者会变得愤怒，从而影响品牌忠诚。卢长宝（2005）从学术和理论角度分析了虚假促销对消费者认知和行为的影响。上述学者的研究都主要集中在虚假促销领域，对促销伤害危机在理论上没有系统的界定和划分，在研究变量的讨论上也不全面，实证分析涉及的研究变量只有感知价值、消费情感、购买意愿，对促销伤害危机对感知风险、品牌信任的影响没有研究，对品牌忠诚的影响没有实证分析，这些研究中的缺失是本研究的机会点。

其次，与促销伤害危机有关的企业营销道德、企业负面公众信息、品牌危机、产品伤害危机的研究成果较为丰富，这为本研究提供了研究依据和研究方向。

在企业营销道德研究中，研究者将虚假促销、价格欺诈的出现归咎于企业在营销中缺乏营销道德，因此大量的研究主要从如何评价、测试企业营销道德水准及如何提高企业营销道德展开。

在企业负面公众信息研究中，研究者探讨了负面公众信息的定义、影响消费者处理负面公众信息的因素等内容，尤其是在负面公众信息与企业声誉、消费者品牌忠诚、应对方式、消费者品牌信任之间的关系上有深入研究。这些研究为促销伤害危机的研究指标选取及研究模型构建起到基础理论作用。

当前关于品牌危机的研究主要集中在三个方面：即品牌危机的概念、特性的研究；品牌危机类型以及危机的成因；品牌危机出现前的危机防范，出现危机后的危机公关、危机善后恢复等危机管理手段。

在产品伤害危机的研究中，现有研究主要从产品伤害危机的含义和分类、应对方式、危机对营销变量的影响、危机后的市场恢复等方面进行。在产品伤害危机对营销变量的影响方面，现有研究涉及的自变量有声望、应对方式、危机归因，中间变量和因变量有感知风险、购买意愿、品牌忠诚，现有研究还讨论了人口特征变量对消费者感知风险、抱怨和购买意愿的影响差异。

综上所述，通过对促销伤害危机相关文献的回顾，本研究不仅总结了促销伤害危机中虚假促销对消费者心理及行为的影响，还总结了与本研究相关的企业营销道德、企业负面公众信息、品牌危机、产品伤害危机的研究成果，并由此得到了一些研究机会和启示。如表 2.2 所示：

表 2.2　　基于文献综述的研究启示与机会

研究方向	研究者	主要研究成果	研究启示与机会
促销伤害与消费者行为反应	卢长宝、田玲、Monroe and Chapman、Grewal and Montoe、Bames 等	促销中的虚假促销、夸大参考价格促销（虚高原价）对消费者感知价值、感知风险、消费情感、购买意愿的影响情况。	促销伤害的范畴除了虚假促销还有些什么内容？它对上述营销变量的影响怎样？对其他哪些营销变量还有影响？怎样影响？

表2.2(续)

研究方向	研究者	主要研究成果	研究启示与机会
促销伤害与法律政策	Grewal、Blair and Landon、刘博和向歆等	国外、国内对虚假促销、促销踩踏造成消费者伤害在法律上如何认定、承担何种责任。	促销伤害危机可否从对消费者造成伤害的层面进行分类?
企业营销道德研究	EarlA. Clasen、Edwin . Boling、甘碧群等	如何评价、测试企业营销道德水准及如何提高企业营销道德。	
企业负面公众信息	David H. H enard、Mitch Griffin、Dwane Hal Dean 等	企业声誉、应对方式、顾客忠诚度会影响负面公众信息对消费者态度的影响,同时恰当地应对有利于负面公众信息产生后消费者信任的建立。	理论上如何定义促销伤害危机?如何分类?有哪些企业应对方式?企业声望、应对方式对消费者感知风险、购买意愿、品牌信任怎样影响?进而对品牌忠诚如何影响?在何种情况下采取何种应对方式最利于修复与消费者之间的关系?
品牌危机	周智敏、沈云林、马克态等	品牌危机的实质是信任危机,因此建立品牌信任是出现危机后的危机公关、危机善后恢复等危机管理手段的核心。	
产品伤害危机	Siomkos、Kurzbard、Smith、Larry、王晓玉、吴纪元和晁钢令、方正等	产品伤害危机的含义、分类及应对方式;产品伤害危机对营销变量的影响;危机后的市场恢复等。	

通过对先前促销伤害危机相关文献的研究和综合分析,本研究得到一些有价值的启示,确认了研究机会和研究价值:第一,从理论上科学界定促销伤害危机的定义及研究范畴,对促销伤害危机进行科学分类,对促销伤害危机中的企业应对方式进行全面归纳总结;第二,研究促销伤害危机在不同声望、不同应对方式下对消费者感知风险、购买意愿、品牌信任、品牌忠诚的影响情况。通过上述理论研究解决现实问题:促销伤害危机发生后如何修复与消费者的关系。

3　促销伤害危机及其企业应对

3.1　促销伤害危机及其分类

3.1.1　促销的分类

在市场营销理论中，促销有广义和狭义之分。按照菲利普·科特勒在《行销管理学》一书中的说法，广义的促销即促销组合，是指为了提高企业销售现状而采取的包括销售促进、广告、人员推销和公共关系在内的沟通方法。而狭义的促销仅是指销售促进，它是指企业通过提供各种各样的诱因工具刺激目标顾客产生立即的购买反应。本研究第二章中已经明确，文章中所指的促销都是狭义促销。以往的研究对促销从不同的标准进行了分类，常见的几种分类有：从消费者心理层面分类，将促销分为价格促销和非价格促销；根据成本/利益原则角度分类，把促销分类为价值增加促销和价值附加促销；以期望理论中的描述理论为基础将促销分成获得和减少损失。另外，叶东发表在中国公共关系网上的《促销解析》一文中根据销售促进主体和客体的不同，将促销分为贸易促销、消费者促销和零售促销三种。贸易促销是指制造商对渠道中间商的销售促进；零售促销是指零售商针对消费者的销售促进活动；消费者促销是指制造商绕过中间商，直接针对消费者的销售促进活动①。根据叶东这一促销分类及对各类促销的解释，本研究认为其中的消费者促销修正为厂商促销更为贴切。三种促销的主体、客体差异见表3.1：

表3.1　　　　　　　　促销分类表

促销主体 / 促销客体	厂商	零售商
渠道中间商	贸易促销	—
终端消费者	厂商促销	零售商促销

3.1.2　促销伤害危机的概念

以往的研究虽然对虚假促销有所涉及，但是并未对促销伤害危机的概念做出完整的界定，本研究尝试解决这一问题。

本研究首先根据网上文献综合归纳，并对它们从发生的原因、造成伤害的主体、责任归因、伤害情况、企业应对方式等进行了逐一分析，对其中部分具代表性且报道信息完整的案例的分析结果见表3.2：

表3.2　　　　　　促销伤害危机典型案例汇总表

编号	危机发生地点	促销主体	伤害情况	责任归因	企业应对方式
1	长沙新一佳超市侯家塘店	零售商	残次品促销	无认定	辩解反驳
2	武汉家乐福超市建设大道店	零售商	价格欺诈	商家故意行为	沉默
3	武汉王府井商场	零售商	价格欺诈	商家过失	承担责任

① http：//www.17pr.com/html/45/8645－5930.html 中国公关关系网叶东危机管理文库

表3.2(续)

编号	危机发生地点	促销主体	伤害情况	责任归因	企业应对方式
4	海口天创手机东湖连锁专卖店	零售商	不实宣传	无认定	辩解反驳
5	平度某超市	零售商	残次品促销	无认定	拒绝承担责任
6	厦门思明区家乐福	零售商	价格欺诈	商家过失	致歉
7	海淀家乐福中关村店	零售商	不实宣传	商家故意行为	辩解反驳
8	长沙家乐福	零售商	不实宣传	商家故意行为	无应对，后被动承担责任
9	昆明家乐福超市白云店	零售商	价格欺诈	无认定	辩解，后被动承担责任
10	武汉家乐福洪山广场店	零售商	价格欺诈	家乐福自身管理问题	承担责任
11	杭州家乐福	零售商	价格欺诈	商家故意行为	辩解反驳
12	西安家乐福	零售商	价格欺诈	商家故意行为	沉默
13	天津家乐福海光寺店	零售商	价格欺诈	商家过失	承担责任
14	重庆廖峰电子有限责任公司	厂商	促销踩踏	管理不善	沉默
15	重庆市一农资厂商	厂商	促销踩踏	管理不善	辩解
16	美国纽约长岛地区一家沃尔玛超市	零售商	促销踩踏	管理不善	沉默
17	北京门头沟区某超市分店	零售商	促销踩踏	管理不善	承担责任
18	北京华联超市学院路分店	零售商	促销踩踏	管理不善	承担责任
19	北京华联超市湖南路店	零售商	促销踩踏	管理不善	承担责任
20	长沙市某超市	零售商	促销踩踏	管理不善	辩解反驳
21	重庆沙坪坝家乐福	零售商	促销踩踏	管理不善	承担责任
22	上海乐购超市三门店	零售商	促销踩踏	管理不善	承担责任
23	成都西大街路口一超市	零售商	促销踩踏	管理不善	沉默
24	成都家乐福双桥店	零售商	促销踩踏	管理不善	承担责任
25	山西太原美特好超市迎宾店	零售商	促销踩踏	管理不善	承担责任

通过案例收集、整理、分析情况看，对消费者造成促销伤害的主体既有厂商也有零售商；造成伤害的原因也有很多，既可能是企业主观故意，也可能是企业客观疏忽和管理不善；造成的伤害有大有小，有的造成消费者受伤或死亡，有的造成消费者预期收益减少或预期支出的增加，有的造成消费者心理不满；企业的应对方式也有很大差别，有的企业积极道歉赔偿，有的企业保持沉默，有的企业则从澄清事实到辩解、反驳。

通过文献检索发现，田玲在其硕士论文《大型超市虚假促销对消费情感与购买意愿的影响研究》中认为，虚假零售促销是指零售商在促销过程中，为吸引消费者、短期内扩大销售获利而使用的虚假的、与事实不符的促销借口、促销期限、促销范围和促销方式。国家商务部2006年出台的《零售商促销行为管理办法》对零售商的不规范促销行为进行了归纳，认为主要有五个方面：一是不实宣传。指零售商在宣传时，不向消费者明示促销活动的限制性条件、例外商品等，损害了消费者的知情权；或以虚假的清仓、拆迁、停业等事由开展促销活动，欺骗消费者。二是价格欺诈。指零售商以频繁打折、降价等方式进行促销，以虚高原价迷惑、欺骗消费者，扰乱零售行业的竞争秩序。三是限制消费者合法权益。零售商往往规定促销商品不退不换，或以保留最终解释权等名义，免除自己的责任，使消费者权利受到侵害。四是缺乏安全管理措施。一些零售商在开展限时、限量促销活动时，造成经营场所内人员大量聚集、秩序混乱，甚至引发人身伤亡事件。五是违反商业道德，开展有违社会风俗的促销活动。

文献检索还发现，学界目前对营销危机中的产品伤害危机研究较多，Siomkos 和 Kurzbard（1994）认为，产品伤害危机是指偶尔出现并被广泛宣传的关于某个产品是有缺陷或是对消费者有危险的事件。

在对案例分析、参考相关理论研究成果和国家行政机关对不规范促销行为总结的基础上，本研究认为，促销伤害危机是指偶尔出现并被媒体广泛报道的由于企业促销组织失误或虚假促销而导致的对消费者人身、财务等造成的伤害事件。

因此，促销伤害危机只存在于厂商促销和零售商促销两类促销中，贸易促销中出现的危机不属于本研究所界定的促销伤害危机。

3.1.3 促销伤害危机的分类

从上述对促销伤害危机的案例分析和概念界定情况看，促销伤害危机可以从两个角度进行分类，一是从造成伤害的主体不同分为厂商促销伤害危机和零售商促销伤害危机两类，二是从对消费者造成伤害的客观性标准分为促销人身伤害危机和促销财务伤害危机两类。

3.1.3.1 厂商促销伤害危机和零售商促销伤害危机

根据现实促销伤害案例分析的结果看，厂商促销和零售商促销都存在伤害危机。

厂商促销伤害危机是指厂商直接针对消费者促销时引起的促销伤害危机。这一类促销伤害危机典型的案例有肯德基“秒杀门”促销伤害危机①、重庆白市驿农资厂促销踩踏伤害危机②。

案例1：肯德基“秒杀门”促销伤害危机

2010年4月6日，肯德基中国公司通过互联网开展了名为“超值星期二”的秒杀促销，64元的外带全家桶“秒杀价”为

---

① http：//www.tech－food.com 中国食品科技网

② http：//bbs. city. tianya. cn/tianyacity/Content/45/1/939336. shtml，原载重庆晚报

32元，该促销活动在全国得到积极响应。但是，当顾客辛苦秒杀到半价优惠券后，肯德基忽然单方面宣布取消优惠兑现。消费者认为肯德基忽悠了大家，在各大论坛发表谴责帖子，肯德基陷入“秒杀门”危机。4月12日，肯德基发表公开信，承认此次秒杀促销考虑不周，没有充分估计可能的社会反应，公司应对不够及时。6月1日，借着公司新店开张的机会，公司高层管理人员首次就“秒杀”促销事件公开向顾客道歉。

案例2：重庆白市驿农资促销伤害危机

2009年3月4日上午，重庆白市驿当地一些农资厂商为促销，在白市驿一广场向农户免费派送化肥、农药等农资产品。派送人员刚刚拿出第一袋化肥，现场百余人就迅速围挤到免费赠送点。顷刻间，派送人员被层层包围，免费赠送点被围得水泄不通。负责现场治安的多位民警和治安协勤难抵人群围挤，被淹没在人群中。现场一片混乱，一位老太太的腿被踩伤，多人轻伤。旁观的市民不无担心：“这也太混乱了，这样挤，很容易挤伤踩死人!”现场有人质疑厂家做法，厂家认为秩序混乱与他们无关，有民警维持秩序。

零售商促销伤害危机是指零售商在针对消费者促销时产生的促销伤害危机。这类促销伤害危机较多，典型的案例有上海乐购超市踩踏门促销伤害危机和北京家乐福建设大道店虚假促销伤害危机。

案例1：上海乐购超市踩踏门促销伤害危机①

2007年10月26日，上海乐购超市低价促销，原价50.8元的海狮豆油，现价30.8元销售，低价促销引得周围居民纷至沓来，由于预案估计不足，最终酿出事故，上海乐购超市三门店

① http://xmwb.news365.com.cn/shxw/200710/t20071027_1627962.htm 新民晚报电子版

开业仅5分钟，排队购买低价豆油的数百名消费者因拥挤而发生踩踏事故。虽然民警接报后赶到现场，迅速平息了事态，但依然有19名消费者被陆续送往医院就诊，其中15人被确诊受伤，1人骨折。

案例2：家乐福武汉建设大道店虚假促销伤害危机①

2010年5月29日，消费者黄先生在家乐福武汉建设大道店购物时看到，几天前他给儿子购买的鹏飞合金遥控飞机在做减价促销活动。降价标签上标注活动时间为5月25日~6月2日的儿童节前后，原价为199元，现价为129元。黄先生明明记得他购买时就是129元，当时并没做什么活动。为此，黄先生怀疑家乐福是忽悠消费者，于是向物价部门举报。市物价局执法人员调查后确认了黄先生的怀疑，该商品在此次降价促销活动前7日内，在其卖场内的最低成交价就是129元/个，根据规定，认定原价为129元/个。物价局认为，家乐福乱标原价的行为违反了《中华人民共和国价格法》的规定，家乐福虚构原价属于价格欺诈行为。

本书研究连锁超市和大型超市的促销伤害危机对消费者行为认知的影响，属于零售商促销伤害危机研究的范畴，而对于由厂商直接针对消费者促销导致的促销伤害危机则不是本研究重点研究的范畴。

3.1.3.2 促销人身伤害危机和促销财务伤害危机

促销伤害危机可能导致消费者受伤、死亡等人身安全受到伤害，也可能导致消费者预期利得减少，或预期支出增加等财务安全受到伤害。这些伤害往往伴随有消费者受到惊吓，心中产生不满和怨气等心理伤害。

根据《中华人民共和国侵权责任法》的规定，侵权行为造

① http：//www. tianya. cn/publicforum/content/free/1/1946951. shtml

成的伤害有三种：人身伤害、财产伤害和精神损害。对于精神赔偿的规定指出“侵害他人人身权益，造成他人严重精神损害的，被侵权人可以请求精神损害赔偿”，也就是说精神损害是伴随着人身伤害的。

同时，根据《中华人民共和国消费者权益法》的规定，经营者因损害消费者合法权益而承担赔偿法律责任的行为分为两类：经营者提供商品或者服务，造成消费者或者其他受害人人身伤害的；经营者提供商品或者服务，造成消费者财产损害的。

美国对于侵权的相关法律规定：损失赔偿分为特殊性赔偿和一般性赔偿。特殊性赔偿是指误工费、医疗费和其他费用，是以客观标准来衡量的经济损失；而一般性赔偿是指精神损害赔偿，是对非经济损失的赔偿。一般性赔偿通常由以下几方面组成：①生理（肉体）痛苦和精神痛苦；②恐惧；③享受生活乐趣方面的损失；④与家人共享生活的损失；⑤寿命缩短；⑥非正常死亡案件中的精神损害赔偿。

通过案例分析，再结合上述理论及法律内容，本研究认为，根据给消费者造成的伤害，可将促销伤害危机分为两类：促销人身伤害危机和促销财务伤害危机。促销人身伤害危机是指企业在促销中由于组织管理不严密等原因造成消费者人身受到伤害；促销财务伤害危机是指由于企业虚假促销而导致消费者预期利得减少或预期支出增加。

3.2　零售商促销伤害危机的分类与企业应对

3.2.1　零售商促销伤害危机的分类

根据本研究第2章中内容的论述，零售促销（Robert C. 等，1993）是指零售企业面向终端消费者的促销，零售商普遍使用的促销手段可以划分为气氛类促销、事件类促销、价格类促销、赠品类促销、抽奖类促销五类。同时根据商务部就《零售商促销行为管理办法》的相关问题回答记者提问的说法，目前零售商的不规范促销行为主要集中在不实宣传，价格欺诈，限制消费者合法权益，缺乏安全管理措施，违反商业道德、开展有违社会善良风俗的促销活动五个方面。

根据商务部上述解释，再通过对零售商促销伤害危机案例的分析、归纳发现，除了气氛类促销不存在促销伤害外，事件类促销、价格类促销、赠品类促销、抽奖类促销均出现过促销伤害危机，出现危机频率最高的是价格欺诈，比如虚拟原价促销、假意打折等，不实宣传、残次品促销较多，缺乏安全措施而导致的促销踩踏危机也不少。表3.3为作者根据网上文献综合归纳的典型案例：

表3.3　　零售商促销伤害危机典型案例汇总表

编号	危机发生地点	促销主体	伤害情况	责任归因	企业应对方式
1	长沙新一佳超市侯家塘店	零售商	残次品促销	无认定	辩解、反驳
2	武汉家乐福超市建设大道店	零售商	价格欺诈	商家故意行为	沉默
3	武汉王府井商场	零售商	价格欺诈	商家过失	承担责任

表3.3(续)

编号	危机发生地点	促销主体	伤害情况	责任归因	企业应对方式
4	海口天创手机东湖连锁专卖店	零售商	不实宣传	无认定	辩解、反驳
5	平度某超市	零售商	残次品促销	无认定	拒绝承担责任
6	厦门思明区家乐福	零售商	价格欺诈	商家过失	致歉
7	海淀家乐福中关村店	零售商	不实宣传	商家故意行为	辩解、反驳
8	长沙家乐福	零售商	不实宣传	商家故意行为	无应对，后被动承担责任
9	昆明家乐福超市白云店	零售商	价格欺诈	无认定	辩解，后被动承担责任
10	武汉家乐福洪山广场店	零售商	价格欺诈	家乐福自身管理问题	承担责任
11	杭州家乐福	零售商	价格欺诈	商家故意行为	辩解、反驳
12	西安家乐福	零售商	价格欺诈	商家故意行为	沉默
13	天津家乐福海光寺店	零售商	价格欺诈	商家过失	承担责任
14	成都家乐福双桥店	零售商	促销踩踏	管理不善	承担责任
15	山西太原美特好超市迎宾店	零售商	促销踩踏	管理不善	承担责任
16	美国纽约沃尔玛超市	零售商	促销踩踏	管理不善	沉默
17	北京门头沟区某超市分店	零售商	促销踩踏	管理不善	承担责任
18	北京华联超市学院路分店	零售商	促销踩踏	管理不善	承担责任
19	北京华联超市湖南路店	零售商	促销踩踏	管理不善	承担责任
20	长沙市某超市	零售商	促销踩踏	管理不善	辩解、反驳
21	重庆沙坪坝家乐福	零售商	促销踩踏	管理不善	承担责任
22	上海乐购超市三门店	零售商	促销踩踏	管理不善	承担责任
23	成都西大街路口一超市	零售商	促销踩踏	管理不善	沉默

零售商促销伤害危机从造成消费者伤害的情况看，主要有两类，即零售商促销人身伤害危机和零售商促销财务伤害危机。

3.2.2 零售商促销伤害危机的应对

文献整理发现，危机应对的研究成果较为丰富，但是促销伤害危机发生后应对方式的研究却基本为空白。

在危机处理策略的选择上，主要有辩解策略和形象修复策略两类。

Hearit（1996）将辩解策略定义为："辩解并非致歉，辩解的目的是使企业被误解的行为在人们眼中能得到较为正面或中立的认识。"Heath（1994）提出了辩解策略采用的三种方式：①对事件的再解释，即运用其他的概念或采用不同的解释，达到改变危机事件发生后企业给公众造成的不良认知；②对出现危机事件发表关注或遗憾的言论，努力减少消费者感知的企业责任；③区隔策略，即将危机事件的表面现象和真相区别开来。Tyler（1997）提醒辩解策略虽然在某些情况下是必要的，但是企业也要防止给人们造成企业逃避责任的认识，这样将会导致企业形象受到更大损失。

Coombs 和 Holladay（1996）认为：危机应对的第一要务是维护企业形象，修复事件对企业造成的负面影响，并通过恰当的企业应对影响人们对危机的责任归因。Benoit（1997）阐述了企业形象修复策略的五种方式：否认、逃避责任、减少攻击、认错以及修正行动。

对于企业遇到危机后在何种情况下选择何种应对策略的问题，很多研究人员认为，危机的特定情境是决定策略选择的主要因素。Coombs（1998）明确指出，危机应对策略的选择是通过评估危机情境得到的，应对的决策者能掌握危机情境，就能找到恰当的应对方向。Coombs 和 Holladay（1995）研究了危机情境与危机应对方案的关系，并将危机情境划分为过失情境、意外情境、违法情境和恶意破坏情境四种类型。

在可辩解型产品伤害危机的研究中，方正（2007）认为，企业的应对方式有四类：第一类应对方式是纠正措施，包括致歉、赔偿、退货、换货等方式，这些行为方式的共同特征是企业对危机存在过失，并正在采取措施予以纠正；第二类应对方式是积极澄清，是指公司通过召开新闻发布会、发布公开信等方式，向媒体和大众提供真实的产品安全性证据和信息，澄清产品是符合相关标准和安全的；第三类应对方式是置之不理（即企业无应对），这种应对方式包括不主动提供信息、拒绝接受采访、不参加消费者听证会等行为；第四类应对方式是对抗反驳，是指企业侧重于采取攻击指控者和简单否认的应对方式，不向媒体和公众提供详细的产品安全信息和背景资料，或者提供极少的产品安全信息。

归纳现有学者的研究发现，危机应对必须考虑危机情境，但是学界将促销伤害作为特定危机情境进行的应对策略研究目前还基本没有。本研究在参考危机应对相关研究成果及分析零售商现实促销伤害危机具体应对方式的基础上，将零售商促销伤害危机分为零售商促销人身伤害危机和零售商促销财务伤害危机，并分别研究其应对方式。

3.2.2.1　零售商促销人身伤害危机

零售商促销伤害危机是由于零售商促销管理不当导致消费者身体受到伤害的伤害危机，主要指促销导致人群拥挤、踩踏并导致消费者伤亡的伤害危机。

通过对零售商人身伤害危机的案例总结，本研究认为企业有三类完全不同的应对方式：纠正措施、辩解、沉默。本研究中的三类应对方式是依据媒体报道得出的，但是现实中企业可能还会采取其他应对方式。

第一类应对方式是纠正措施，包括致歉、赔偿等方式，该应对方式往往是企业在存在明显过失，并正在采取措施予以补救时采用。2005 年成都家乐福双桥店的促销踩踏事件导致了 5 名消费者不同程度受伤，事件发生后家乐福门店管理人员马上拨打了 120 急救电话，将伤者送到医院，并承诺承担相关费用。

第二类应对方式是辩解、反驳，企业侧重于采取简单否认的应对方式，不主动承担补偿责任。2006 年 8 月，长沙市某本土连锁超市进行食品促销活动时，促销让利幅度较大造成人流拥挤，长沙市民陈女士被抢购的人流挤压摔倒导致左股骨骨折。事件发生后，超市提出促销活动场地有员工维护秩序，陈女士是自己摔倒的，拒绝赔付。后来在工商管理部门出面调解的情况下，该超市才对消费者进行了赔偿。

第三类应对方式是沉默（即企业无应对），这种应对方式包括不主动提供信息、拒绝接受采访、不参加消费者听证会等行为。2008 年 11 月纽约长岛一家沃尔玛超市在促销时由于失控的购物者涌入而发生踩踏事故，事故导致一名促销员死亡，一名顾客受伤。事故发生后，消费者反映沃尔玛超市没有与他们联系过，也没有就事故做出解释。

表 3.4 显示了本研究在媒体上收集到完整信息的 9 个零售商在促销人身伤害危机时选择了哪些应对方式来进行危机处理。

表 3.4　零售商促销人身伤害危机中企业的应对方式

零售商促销人身伤害危机		企业的应对方式		
编号	危机名称	纠正措施	沉默	辩解
1	美国纽约长岛沃尔玛超市促销人身伤害危机		√	
2	北京门头沟某超市分店促销人身伤害危机	√		

表3.4(续)

零售商促销人身伤害危机		企业的应对方式		
编号	危机名称	纠正措施	沉默	辩解
3	北京华联超市长沙学院路分店促销人身伤害危机	✓		
4	北京华联超市南京湖南路店促销人身伤害危机	✓		
5	长沙本土一连锁超市促销人身伤害危机			✓
6	重庆家乐福沙坪坝店促销人身伤害危机	✓		
7	上海乐购超市三门店促销人身伤害危机	✓		
8	成都家乐福双桥店促销人身伤害危机	✓		
9	山西太原美特好超市迎宾店促销人身伤害危机	✓		

3.2.2.2 零售商促销财务伤害危机

零售商促销财务伤害危机是指由于零售商价格欺诈、不实宣传、残次品促销等行为导致消费者预期利得减少或者预期支出增加的伤害危机。

通过对零售商财务伤害危机的案例总结，本研究认为企业有三类完全不同的应对方式：纠正措施、辩解、沉默。本研究中的三类应对方式也是依据媒体报道得出的，但是现实中企业可能还会采取其他应对方式。

第一类是应对方式是纠正措施，包括致歉、赔偿、退货、换货等方式，该应对方式往往是在企业存在明显过失，并正在采取措施予以补救时采用。

第二类应对方式是辩解、反驳，企业侧重于采取简单否认的应对方式，不向媒体和公众提供详细的产品真实信息，或者提供极少的产品真实信息，不主动承担补偿责任。

第三类应对方式是沉默（即企业无应对），这种应对方式包括不主动提供信息、拒绝接受采访、不参加消费者听证会等行为。

表 3.5 显示了本研究在媒体上收集到完整信息的 16 个零售商在促销财务伤害危机时选择了哪些应对方式来进行危机处理。

表 3.5　零售商促销财务伤害危机中企业的应对方式

零售商促销财务伤害危机		企业的应对方式		
编号	危机名称	纠正措施	沉默	辩解
1	天津家乐福海光寺店促销财务伤害危机	✓		
2	长沙新一佳超市侯家塘店促销财务伤害危机			✓
3	武汉家乐福超市建设大道店促销财务伤害危机			✓
4	武汉王府井商场促销财务伤害危机	✓		
5	海口天创手机东湖连锁专卖店促销财务伤害危机			✓
6	平度某超市促销财务伤害危机	✓		✓
7	福州家乐福新店促销财务伤害危机①	✓		
8	厦门思明区家乐福促销财务伤害危机	✓		
9	海淀家乐福中关村店促销财务伤害危机			✓
10	长沙家乐福芙蓉店促销财务伤害危机	✓		
11	昆明家乐福超市白云店促销财务伤害危机	✓		
12	昆明家乐福超市云纺店促销财务伤害危机②	✓		
13	武汉家乐福洪山广场店促销财务伤害危机	✓		

① http://www.dzwww.com/rollnews/news/201007/t20100707628 9254.htm 福建东南新闻网

② http://news.163.com/10/0618/19/69FVV37400014AEE.html

表 3.5（续）

零售商促销财务伤害危机		企业的应对方式		
编号	危机名称	纠正措施	沉默	辩解
14	沈阳家乐福和平区北站店促销财务伤害危机①	√	√	
15	杭州家乐福促销财务伤害危机②			√
16	西安家乐福促销财务伤害危机③		√	

从上述分析发现，两类零售商促销伤害危机的企业应对大体相同，都可以分为沉默、纠正措施、辩解三种方式。

3.3 本章小结

本章首先对促销进行了分类，同时收集大量见诸媒体的促销伤害案例，对它们从产生背景、发生原因、造成伤害的主体、责任归因、伤害情况、企业应对方式等方面进行了逐一分析。分析发现，从对消费者造成伤害的客观性标准看，促销伤害危机主要有人身伤害和财务伤害两类，形成危机的前提必然是事件被媒体广泛报道。

在明确上述促销伤害危机特征的基础上，参考以往研究人员对“虚假促销”、“产品伤害危机”给出的定义以及国家商务部对不规范促销行为的归纳，本研究认为，促销伤害危机是指

① http://law.iyaxin.com/content/2010-12/28/content24109422.htm 华商晨报

② http://law.iyaxin.com/content/2010-12/28/content24109422.htm 中国质量报

③ http://law.iyaxin.com/content/2010-12/28/content24109422.htm

偶尔出现并被媒体广泛报道的由于企业促销组织失误或虚假促销而出现的对消费者人身、财务等造成的伤害事件。按照上述定义，本研究将促销伤害危机从两个角度进行分类：一是从造成伤害的主体出发，将之分为厂商促销伤害危机和零售商促销伤害危机两类，二是从对消费者造成伤害的客观性标准出发，将之分为促销人身伤害危机和促销财务伤害危机两类。最后本章在案例分析的基础上将零售商促销伤害危机分为了人身伤害危机和财务伤害危机两大类，并分别分析了两类零售商促销伤害危机的应对方式。分析发现，两类促销伤害危机的企业应对大体可以分为沉默、纠正措施、辩解三种方式。

4 理论基础与模型构建

4.1 模型构建的理论基础

4.1.1 感知风险理论

4.1.1.1 感知风险的定义

鲍尔（Bauer）在1960年从心理学的角度延伸出了感知风险。最初学者在研究市场营销领域时，都会检验在不完全信息情况下，感知风险对顾客购买决策的影响。Bauer还认为顾客在制定任何购买决策的时候，都不可能确定地预知该购买行为会带来怎样的结果，以及结果是好是坏，是预料之内的令人满意的结果还是预料之外的令人不愉快的结果。由此可以看出，顾客这种对购买决策的不确定包括两个方面，对购买决策所带来的结果是否在预期之内的不确定，以及如果该结果不在顾客的满意范围之内，对其所造成的损失程度的不确定。Bauer将这种对购买决策结果的不确定性定义为风险，这是最早的风险概念。这种通过对两种不确定性进行综合而得出的感知风险是顾客主观评价基础上的风险，简言之，就是一种主观的风险（Bauer，1960）。

斯通（Stone）和格雷赫（Gronhaug）（1993）认为从消费

者个人的角度看，在制订购买决策时，他们会感受到该购买行为会产生不止一种结果，当然，其中某些结果还可能导致一定的损失。感知风险可以从感知结果的可能性和感知结果损失的重要性两个角度进行理解。于是，得出了感知风险的另一种定义：消费者感知到的与其购买行为密切相关的可能会产生的损失，而这种损失在一定程度上是在消费者个人的预料之内的。

考克斯（Cox）和里奇（Rich）（1964）指出，顾客的每一种购买行为中，不仅包含了他们期望达到的购买目标，还包含了他们所感知到的购买风险，甚至可以深入到风险的性质和程度。因此，当顾客不能确定购买行为可以满足购买目标，或者其感知到的无法满足购买目标导致的风险超过了他们可以承受的范围时，就会产生一种忧虑情绪，我们将其称之为感知风险。从这个角度看，感知风险就是对一种行为可能存在的潜在结果和由此可能产生的不愉快情绪综合形成的函数结果。

默里（Murray，1991）也将感知风险定义为一种函数结果，他是从顾客购买行为中存在的对购买结果不确定以及对购买结果是否在顾客的满意范围之内的不确定两个方面来定义的。如果具体到一个实际发生的交易中来看，我们便可以认为，感知风险是顾客对自己的购买行为产生的结果是带来损失还是利益的不确定。

道林（Dowling）等人认为消费者对产品购买决策的参与影响着人的感知风险。消费者对产品的评价通常涉及正面和负面的结果，这些结果都有可能会影响感知风险，感知风险的结果就是让消费者产生“不确定性”、“不适”和“焦虑”的感受。

坎贝尔（Campbell，M. C.）在其研究中提出感知风险是一个非常重要的情境变量，所涉及的产品和情况不同，消费者感受到的风险也就不同。同时也有研究人员认为消费者的感知风险涉及不确定性以及后果，它会随着不确定性的增加和结果负面影响的加强而不断提高［奥奇斯普（Ogiethorpe），1987］。

在安娜·安古洛（Ana M. Angulo）和何塞·古尔（Jose′ M. Gil）的研究中提到，在有潜在危害的情况下，风险在技术上被定义为一个确定的灾害发生的概率和频率，以及其产生后果严重性的大小的组合。而对一种特定产品产生的感知风险是产品种类风险和产品具体风险的综合体，包括产品种类的风险、产品的具体风险［Dowling，斯特林（Staelin），1994］。

由上述学者的研究定义可以看出，消费者行为的核心问题是选择，由于选择的结果只能在未来才能得知，消费者不得不面对不确定性。因此研究人员经常利用消费者对其购买产品（或服务）的不确定性和不良后果来定义感知风险。

4.1.1.2 感知风险的分类和内涵

在消费者认知行为领域的感知风险已被界定为一个多构面的概念。

贝特曼（Bettman）（1973）将感知风险分为两种：固有风险和操作风险。在此基础上，詹姆斯·伯特（James R. Bettm）通过一系列的假设验证得出一个产品类别的固有风险会受到以下因素影响：感知产品质量的差异性（包括该类产品质量的平均水平）、品牌（品牌在质量上可以接受的集大小）、自我感知价格与实际价格的差异。而操作风险，即通过信息、品牌的忠诚度表现出的风险，会随着固有风险的增加而增加，但随着有关产品类别信息掌握量的增加与由对感知有用的信息产生的信心的提高，加上对一流品牌的产品平均熟悉度的提升，操作风险便会减少。

类似于固有风险和操作风险的划分，Dowling 等人将感知风险划分为：①产品类别风险：在一个给定的情况下，具有较高的产品类别风险的人会察觉到比一个低产品类别风险的人更多的风险；②特定产品的风险：对于同等安全的产品，有些人可能会有风险的感知。这两种风险来源于以下方面：具体产品的属性水平（如产品的价格，质量等级等）；导致消极后果产生的“失败”的可能性；个人的购买目标（如为自己或作为礼物使用），和其他与具体购买情况有关的条件，如产品是否通过目录或在零售商店销售。

Bauer（1960）定义的感知风险由两个部分组成，即不确定性和对购买的后果的严重性。风险评估要求将这两个部分结合。

罗斯利斯（Roselius，1971）根据不同的表现形式，将顾客感知到的风险进行了分类：第一种是时间损失，即当顾客认为其购买到的产品并不如自己预期的那么好时，就会选择对该产品进行修理、退还甚至是重新去购买，这个过程显然会消耗掉顾客大量的时间；第二种是危险损失，即顾客购买到的产品可能会在质量上有所偏差，对其的使用可能会对顾客的健康安全有一定的影响；第三种是自我损失，即顾客购买的产品会因其本身所存在的瑕疵在某些方面对使用者造成一定程度上名声的影响；第四种是金钱损失，这种损失跟我们之前提到的时间损失密切相关，顾客在对不满意产品进行修理、退还甚至是重新购买的过程中，浪费的不仅仅是时间，还有不必要的金钱重复支出。正是因为顾客感知到了以上这些不同性质、不同程度的风险的存在，他们在制定一项购买决策并将该决策付诸实际的购买行为的时候，本身就是冒着承担损失的风险所进行的，于是他们往往会变得小心翼翼，以免产生不必要的损失，就算会有风险，也会选择在可以承受的范围内尽量降低风险。

Dowling（1986）和米歇尔（Mitchel，1998）提出，从购买产生的后果看，感知风险可分为不同类型的损失：财务、绩效、时间、身体和心理。

Stone 和格兰霍格（Gronhaug）（1993）发现感知风险与财务、绩效、心理、身体、社会和时间有关。财务风险指货币用在一个不好的购买时所产生的损失，绩效风险反映在相关的产品功能方面，心理风险反映在消费者个人的失望，身体风险是指购买的产品对使用者自身健康产生的负面影响，社会风险则是使用该产品可能会因超出社会各界可以接受的范围而引起一定的反对浪潮，时间风险体现为购买一个产品所花费的时间和购买不满意商品所浪费时间。

杰可欠（Jacoby）和卡普兰（Kaplan）确定了七个类型的风险：财务、功能、身体、心理、社会、时间和机会成本的风险。

4.1.1.3 感知风险的影响因素

在对风险感知的研究领域中，诸多学者都对影响顾客风险感知的因素予以了高度重视，由此我们可以看出其重要性。

在以往的研究中，大量的文献显示，顾客自身的个人特征是影响其风险感知的一个重要因素，而这些个人特征包括顾客的年龄、性别、种族以及其受教育的程度。

我们同样还发现，除了从顾客自身的个人特征角度来研究风险感知的影响因素外，还可以从顾客自身的购买行为角度来考虑。一些学者从这个层面出发，得出顾客对自己购买行为的信心、经验、能力以及参与度都会对其风险感知产生影响。

有研究显示，消费者的感知能力反映了消费者个人对自己选择优质商品能力的看法。汉森（Henson）和罗森（Northen）（1998）将该结论运用于牛肉产业的研究中，并进一步将感知能力定义为与牛肉相关的风险的判断能力。这些研究都表明消费者感知能力对其风险感知具有一定的影响力。

除此之外，科普菲尔（Kapferer）和劳伦特（Laurent）（1993）认为，顾客对其购买行为的风险感知与其对该产品的信息了解程度高度相关。而在这两者中间，顾客对该产品的兴趣程度则起了一定的催化作用；也就是说，如果顾客对其即将购买的产品拥有高度的兴趣，那么他就会想办法去收集大量的与该产品相关的信息，从而增强对该产品的了解程度，因此这个过程就是顾客降低感知风险水平的过程。

针对不同的购物场所，学者们也进行了一系列的研究。达西（Dash）、斯奇夫曼（Schiffman）和贝伦森（Berenson）（1976）认为长期流连于专营店的顾客比钟情于百货商场的顾客对自己的购买行为具有更强的自信心，因此他们所感知到的风险相对来说就更低一点。Dash（1976）也发现，专营店的顾客较百货商场的顾客更加注重产品质量，如果其关注甚至是有意愿购买的产品在质量上有了变数，在很大程度上会引起其对该产品的看法态度转变，最终导致风险感知的变化。

在研究与牛肉行业相关的问题时，亨奇恩（Henchion）和奥·康泰尔（O'Connell）（1995）也指出，市场上所供应的牛肉是否保持一贯的高品质同样会对顾客感知风险产生影响。

Dowling 和 Stealin（1994）认为感知风险的决定因素包括与消费者购买目标相关的使用情况，他们对这种类型的产品的了解，个人的参与度，这些因素都会映射出一个不确定后果集（包括采购目标、有意的使用、先前的知识和参与）。当消费者感知到一定的成本与收益的差距时，便会选择具体的搜索活动，这种行为是与消费者的个人具体因素相关的。消费者由此获得的具体信息可以改变个人的感知风险水平，它被认为是随消费者获得新信息的变化而变化的。另外，研究也提出消费者承受金钱损失的能力也会影响感知风险。

特罗（Taylor J. W.）的研究发现，自尊（自信）在两个方面影响消费者行为：首先，自尊引起一定量的来自于对购买情况看法的焦虑情绪。库布·史密斯（Cooper Smith）指出“具有低自尊的人抗压能力较低，也不能感知到威胁刺激”。其次，在选择适当的风险减少策略工具时，Cooper Smith 解释：任何经验都可能是正面的自我评价的来源，同时也可以是贬值评估的来源。这种解释将随消费者个体处理痛苦的方式差异，不同的购买情况以及个人的购买目标和愿望的变化而变化，从而引起不同程度的感知风险水平。

4.1.1.4　消费者减少感知风险的策略

Roselius. T指出针对不同类型的损失，消费者对风险减少策略的偏好不同。

对于消费者在购买时感知到的风险，有四种不同的风险减少策略：①减少购买失败的可能性或降低购买失败时产生的真实或想象的感知风险程度；②将感知到的损失转化为另一种可以忍受的损失；③推迟购买，在这种情况下可以从一种风险转移到另一种风险；④购买并接受尚未解决的风险。可以由买方或卖方来执行上述前两个风险的策略。例如，买方可以依赖对品牌的忠诚度来获得较高的购买成功率，或在失败的情况下，采取一种可靠的方法来减少购买的金钱损失。

同时他也提出了11种针对不同类型风险的具体指导购买的途径。①推荐：如果某一产品已经相关专家认证或由知名人士推荐，那么在选择时予以优先考虑；②品牌忠诚：形成一种产品维护，对一贯使自己满意的产品保持热衷；③主要品牌形象：购买专业知名的产品品牌，并依靠其品牌声誉；④私人测试：买已经过认可测试的品牌；⑤商店形象：在认为可靠的商店购买；⑥免费样品：在购买前使用免费试用样品；⑦退款保证：购买提供了退款保证的品牌；⑧政府测试：购买已经过政府部门批准的正式品牌；⑨货比三家：比较几种品牌的产品特色；⑩昂贵的型号：购买最昂贵精确的产品类型；⑪口碑：咨询朋友或家人相关产品的信息。

这11种方法可通过四种损失来衡量：时间、危害、自我和金钱损失。结果显示：品牌忠诚度和主要品牌形象诱发了最有利的反应，对四种损失都始终位居前两位；商店形象、货比三家、免费样品、口碑、政府测试引起了中性或稍微有利的反应（除危害损失）；推荐、退款保证、私人测试引起了轻微不利的反应；购买最昂贵的型号是最不利的。

风险释放的特殊用途：高风险感知者会比中低感知者对风险减少策略更感兴趣，其中主要品牌形象、商店形象、免费样品、口碑、政府测试会更适合高风险主体。

风险释放的一般用途包括：品牌忠诚、私人测试、购物、推荐、昂贵的型号、退款保证。如果买方依靠这些方法，那他们则希望这些方法对那些较高感知风险者产生的效果是一样的。这些方法无论对哪种损失都可能同样有效或无效。消费者会先确定其感知风险类型，然后创建合适的购买者类型和损失类型组合决策。

Dowling 和 Stealin（1994）提出了以下假设并予以证实：①消费者对一种产品愿意采取的风险减少活动总量会随其购买产品类风险水平、与预期购买场合相关的货币损失、利用现有的各种信息检索和风险减少活动产生的感知利益而增加，也会随各种信息检索和风险减少活动产生的感知费用而减少。②若特定产品的感知风险水平是可以接受的，那它不会对旨在减少风险的活动总量有显著影响。③若对特定产品的感知风险高于可接受的水平，那么消费者将进行更多风险减少活动。一个人的财富、地位也是其产品购买行为的驱动力，即无法承受与购买相关的货币损失是一种影响风险减少活动的强大因素。对此消费者有两种不同的一般性策略：正常开展减少风险的活动，即消费者经常进行信息搜索以获得一般产品类信息；额外的风险减少活动，即在考虑到可接受风险水平的前提下，减少具体产品的具体感知风险，这可以通过收集关于考虑购买的品牌或其他相关品牌的新信息或通过修改自己的产品选择范围来实现。例如，损失概率的降低可通过从曾使用过该产品的朋友处获得信息来实现，或将选择范围限定为知名品牌，或购买之前使用过的产品。

Taylor J. W 在研究中指出，消费者的选择情况总是涉及两方面的风险：对结果的不确定性（可通过获取和处理信息来减少）、对效益的不确定性（可通过减少与利害攸关的总量和延迟选择来减少）。风险会引起焦虑和不舒服，消费者会在选择时采取风险减少策略，以减少风险带来的内在焦虑。而在这方面最具创意和全面的结论是由 Roselius. T 研究得出的。基于其研究发现，Taylor J. W 提出经销商应在自己的交易领域与新客户建立灵活的关系，针对不同的购买群体和不同的感知风险类别设计不同的营销策略。例如大量番茄酱的使用基本出现于低收入家庭，在这种情况下，选择适当的媒体施行广告策略更有效。对于重大设备的采购，具有高强度的不确定性，这时产品担保或保险政策就可能是更适合的营销方式。

苏珊（Susan A）等提出如果消费者感知到的风险超过了可以容忍的水平，就会采取相应的风险减少策略，包括寻求信息。信息可以降低不确定性，并减少产生不良后果的可能性。而信息来源可以划分为市场主导的沟通渠道（产品、定价、包装、促销、广告）、消费者主导的渠道（朋友、家人、自己的经验）、中立的信息来源（政府、媒体、消费者报告）[Cox，1967；Schiffman，克拉克（Kanuk），1994；Mitchell，麦戈德里克（McGoldrick），1996]。

Campbell M. C 也提出感知风险会使消费者产生戒心并规避风险。导致减少风险的各种因素已被证明对消费者行为有很大的影响，这些因素包括口碑信息、新产品采用、品牌忠诚度以及知名品牌［艾尔丹姆（Erdem），1998］。蒙哥马利（Montgomery）和沃纳菲尔特（Wernerfelt）（1992）推论说，品牌忠诚作为风险缓解措施在各种风险中十分重要，因为消费者策略使其坚持知名品牌，而不是探索新品牌。Erdem（1998）表明，当消费者感知到购买一种新产品的风险较高时，他们会倾向于选择一个更知名的品牌。总体而言，研究表明高风险抑制探索性倾向会导致消费者更喜欢熟悉的选项，放弃不熟悉的。

Niraj Dawar 和菲利浦·派克（Philip Parker）认为，在相互竞争的品牌选择时，消费者面临着产品性能、质量的不确定性，因此他们经常将品牌名称、价格、包装和零售商信誉作为相应的产品信号。经济学和营销学文献都体现出，在有必要减少感知风险的购买中，产品信号大多用以评估产品质量。信号的使用与风险厌恶水平呈正相关关系，更有可能承担风险的人往往也是使用信号最多的人。

James R. Bettm 指出，若营销人员希望减少风险，则可以试图影响消费者的决策规则或其产品类的重要性。由于重要性难以影响，相对来讲影响消费者的决策就变得更加可行，尤其是强调产品品牌的可接受度；另外，有关品牌的信息也是有用的。但是当消费者选择模型中的风险较低时，价格在品牌的选择中变得更加重要。因此，若产品价格较高，营销人员应通过强调可接受的品牌数量较少，同时提高自己的品牌质量来强调产品的低风险性。

4.1.1.5 促销伤害危机中的感知风险

图 4.1 表达了促销伤害危机后的消费者感知风险变化和处理过程，以及促销伤害危机对消费者行为的影响作用。

促销伤害危机发生后，消费者的感知风险增加。消费者会采取减少感知风险的策略，这些策略的一个重要方面就是进行更多的信息收集，以尽可能地降低购买的不确定性。信息的来源包括：消费者对公司先前信息的记忆和收集，来自市场、媒体的信息，来自消费者个人社交群体的信息等。从公司的立场，要想影响消费者降低风险感知的策略，就应当从危机前的公司形象建立、危机后的应对两个方面给消费者提供能帮助其降低感知风险的信息，进而影响消费者危机后的购买行为。

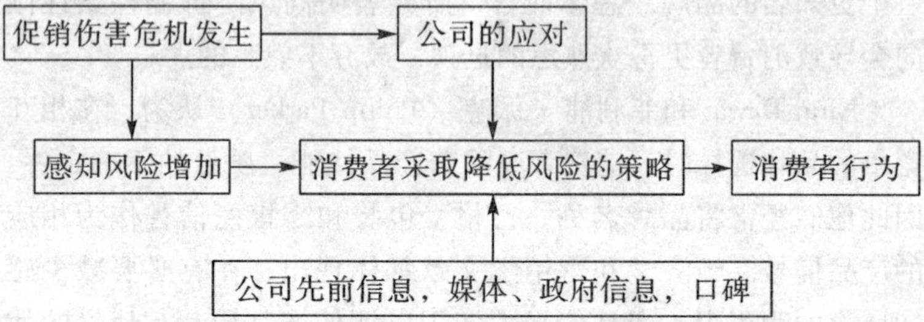

图 4.1　促销伤害危机后的消费者感知风险示意图

4.1.2　公平理论

公平理论指出对公平的负面感知（感知不公平）可能来源于由于责任所引起的程序公平、互动公平和分配公平方面的因素［福尔杰（Folger）和克罗帕扎罗（Cropanzano），1998］。也就是说，当感知不公平时，一个愤怒的群体（如消费者）会试图判定引起不公平的责任方，并追究可能的过错方的动机和意图。

根据 Folger 和 Cropanzano 的公平理论，负面事件发生后公众会试图找出责任方。负面的状态或事件产生会对消费者造成伤害，消费者会认为某个对象应该为此负责。出于公平，会产生对危机事件的行为的意志控制因素，如果消费者感知到责任方有其他选择的，那么责任方会被认为在行为选择上是负有责任的。责任方的行为被认为是违反了常规或道德标准。在这样的情形下，消费者会认为责任方应该采取道德的行为。

同时，Folger 和 Cropanzano 对反事实思维在公平理论中的运用进行了阐述。简单地说，反事实思维是与感知到现实情形相反的“原本应该”的情形的对比，也可称作对比思维［罗斯

(Roese), 1997]。在反事实思维的情形下，个体可能重新调整对事件的某些部分认识，对调整后的事件后果进行评判［Roese and 奥尔森（Olson), 1995］。重要的是，Folger 和 Cropanzano (2001）指出，反事实思维会被用于对于事件的责任的评判。在发生负面事件的情况下，消费者可能会想象如果责任方采取的行动和实际发生的不一样，那么事件的后果会是如何。他们认为负面事件发生会引起反事实推理。反事实推理是指个体对过去事件加以心理否定，并构建出一种可能性假设的思维活动。这个认知过程导致对于负面事件负有主要责任的一方的“能够”、“应该”和“如果”产生的反事实。“能够”反事实认定负面事件是否在公司的实际控制之下，“应该”反事实将公司对负面事件所做出的相关反应与道德和社会标准进行比较，这两个因素决定了消费者认为公司对负面事件承担责任的可能性和道德公平性。而“如果”反事实是对于受事件影响方状态和如果公司采取了其他行动产生的后果之间的比较，如果公司“能够”并且“应该”采取其他的行动，公司将会被用“如果”反事实进行评价，也即是消费者想象“如果”公司采取了其他行为，则会使事件的危害降低。事实的真实情形和想象状态之间的差异决定了消费者对事件负面影响的感知程度。

根据公平理论，如果公司反应降低了产生“能够”和“应该”的反事实推理的可能性，那么这样的公司反应会增加感知公平。这样的推测说明公司在危机事件中的沟通应该表达公司对负面事件的控制，对事件处理的过程和后果的内容，以向公众保证对受影响的各方都有公平的对待。

总的来说，如果公司反应能够抑制引起公众产生“能够”、“应该”的反事实推理的倾向，将会引起公众的感知公平和得到更高的公众评价。

公平理论在促销伤害危机的研究中，能用于解释公司反应、对公司的责任归因等因素对于消费者感知和态度的影响。当消费者认为公司对危机的发生承担的责任越小，则消费者反事实思维的可能性就越小，消费者的感知公平越高。公司的应对能不能有效地降低消费者的反事实思维，是能否有效提高消费者感知公平和消费者评价的关键，见图 4.2。

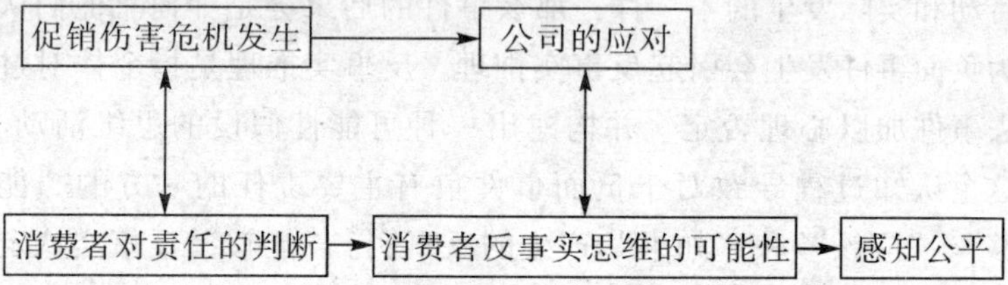

图 4.2　公平理论对促销伤害危机公司应对的解释示意图

4.1.3　品牌信任理论

4.1.3.1　品牌信任概述

(1) 信任

信任是近年来顾客关系管理中的一个重要变量，它能促进买卖双方交易的完成，最终形成消费者忠诚。信任是一个复杂而模糊的概念，从以往的文献中可以看到，信任在社会学、心理学、经济学和营销学的文献中均有大量的描述，然而不同的学术领域对信任的定义却不同。

多耶奇（Deutsch，1958）指出，当面对一件自己无法确知后果，而且该后果可能在很大的程度上会给自身带来损失的事件时，主体并没有根据具体情况并且经过深思熟虑作出理性选择，而信任就在这种非理性选择中诞生了。随后通过更深入的研究，他于 1960 年提出了对信任的另一种理解，即消费者即使在感知到风险的情况下，依然会从好的方面考虑，认为交易的对方可能会按照自己所期望的路线走下去，从而坚定自己对该产品的购买意愿，这就是所谓的信任。与该阐述类似，萨克（Sako，1992）认为，交易的一方坚信另一方的行为方式会在自己的预期之内，而且该方式是双方都可以接受的，这种信心也就是我们所说的信任。

在已有研究成果的基础上，贝塔查亚（Bhattacharya，1998）指出，在不确定条件下达成的交易中，交易的一方会期望对方的行为可以增强出现令人满意的交易结果的可能性，从而从中获益，这种期望也可以被称为信任。由此我们也可以看出，信任是与风险息息相关的，也可以说风险是信任产生的一个关键因素。只有存在了一定的风险，消费者才会感知到不确定，才会期望结果朝着自己希望的方向发展。

对于以上学者对信任的定义，虽然阐述方式有所不同，但其中存在着一定的共通性。鲁索（Roussean）、锡特金（Sitkin）、伯特（Burt）和卡梅瑞（Camerer）就对此进行了总结归纳，并给出了信任的一个广义范围内的定位，即信任是一种心理状态，并且是一种乐观的心理状态，是交易的一方认为对方会朝着自己预期并给自己带来利益的方向作出行为的心理状态。当然，这并不意味着绝对的乐观，其中也包含了对风险的感知，同时做好了接受损失的意愿（于春玲，2004）。

综上所述，我们可以看出，只有在存在风险即不确定性的条件下，才会产生信任。因此，将风险（不确定性）定义为信任存在的前提并无不妥。

（2）品牌信任

在以往的研究中，我们可以将各学者对品牌的研究归纳为从认知和情感两个角度出发的研究。认知即消费者对其选择产品质量的认知，购买风险的认知；而情感即消费者对购买产品的忠诚度与满意度。从情感这个角度出发，便衍生出了品牌信任这一概念，它是消费者基于对某一品牌的情感所产生的一种心理［巴塔查亚（Bhattacharya），1998］。从这一定义出发，诸多国外学者纷纷对品牌信任给出了自己的认识。

学者劳费尔（Laufer）和凯瑟琳（Kathleen）（1999）认为，在不确定的情况下，顾客为了减少风险而选择购买自己所依赖的品牌的这种心理就是品牌信任。乔克盛罗 9Geok Theng Lau，1999）等人也给出了类似的定义，只是界定了消费者依赖的品牌应该是预期可以带来令人满意的购买结果的品牌。由此，我们可以看出，要使消费者保持对某品牌的信任，该品牌预期必须为消费者购买行为带来一定量的利益。

阿琼·查德胡里（Arjun Chaudhuri）和莫里斯·霍尔布鲁克（MorrisB Holbrook）（2001）通过研究发现，在现实的购买行为中，对于各界所宣扬的品牌产品功能，消费者固然会予以关注，他们同时也会关注该品牌是否有能力将其宣扬的产品功能付诸实践。据此，他们提出了品牌信任的另一种定义，即消费者选择信任某品牌产品可以实现并且有能力实现其宣扬的各种功能的一种心理状态。

艾琳娜·德尔加多（Elena Delgado）和巴列斯特（Ballester）（2003）等人认为，品牌信任是消费者对某品牌的一种期望指数，该期望是基于在不确定的条件下，消费者依然对该品牌的可靠性保持高度的信任，并由此坚定对该品牌的购买意愿。从这个定义中，我们可以总结出三个要点：第一，品牌信任是一种心理期望；第二，品牌信任是基于消费者个人的一种主观判断，而且这种主观判断更倾向于往积极正面的方向发展；第三，风险，即不确定性的存在，是品牌信任产生的前提条件。

此外，霍映宝等（2004）借鉴人际信任的概念，定义品牌信任为消费者在与品牌交互作用时所持有的一种安全感，并认为这种安全感是基于对品牌的可信赖性和友善性的感觉。金玉芳（2005）通过一系列相关的实证研究，指出品牌信任是一种态度，这种态度是消费者对某一自己所选择的品牌保持信任的态度，而这种态度的产生来源于消费者相信该品牌是有能力实现相关产品功能的，相信该品牌是秉承着诚实善良作风的。袁登华、罗嗣明、李游（2007）基于前人的研究，对品牌信任的定义提出了一个较全面的阐释，即在存在不确定性的条件下，消费者依然选择相信购买该品牌会给自己带来期望中的积极效果。进一步来讲，这种相信包括消费者对该品牌品质（现有的产品质量）、善意（进一步改进产品质量的态度）、能力（履行产品功能的能力）的信任，并且来源于品牌对产品质量、履行承诺的保证，以及品牌行为的正面性。

从以上所阐述的内容可以看出，各个时期不同的学者对品牌信任的界定虽然在形式上呈现多样化，但实质内容却大同小异。

（3）品牌信任的特性

金玉芳（2005）提出，品牌信任具有动态性、条件性、脆弱性、比较性。

消费者品牌信任的动态性体现在两方面：首先，信任的形成过程本身就是一个动态的过程；其次，在顾客购买某一品牌之前，对品牌的信任是一种期望和预测，而在购买之后，顾客对品牌的实际表现将会使其对之前的信任加以确认，而这种确认了的信任又形成下一次购买的期望与预测。

条件性是指并不是所有的交换都需要信任，对消费者来说，只有对其重要且未来结果不确定，或者具有多项选择的情况，信任才会起作用。

品牌信任的脆弱性决定其破坏的容易性，即品牌建立的信任机制并不是只有在品牌本身整体出现严重性失误的情况下才会发生破坏，而是随着仅仅是某一环节的失误而发生，更为严重的是，信任机制一旦崩溃就很难再建立起来。

消费者对不同品牌的选择，不仅仅是信不信任的问题更是信任程度的问题，消费者对品牌的信任是在对各品牌之间进行比较而来的，因此具有比较性。

4.1.3.2 品牌信任的影响因素

霍夫兰德（Hovland）、詹尼斯（Janis）和凯利（Kelley）（1953）首先提出了对信任影响因素的研究。随后通过对不同背景条件的研究，学者们纷纷提出了不同的影响因素。

在以服务行业为背景条件的研究中，希尔德西莫查（Sirdeshmukh）、辛格（Singh）、萨博尔（Sabol）等人指出，企业可以通过一系列行为来降低消费者的感知风险，从而提升消费者对该企业的信任度。这些行为包括提供优质的服务，施行高效的管理政策等。德文·约翰逊（Devon Johnson）、肯特·格雷森（Kent Grayson）则从三个角度来阐释了信任的影响因素。首先，从认知信任的角度来看，企业提供的服务水平及其品牌绩效对消费者的认知信任产生正面的积极影响；其次，从情感信任的角度来看，产品与消费者兴趣、价值观的相似性则会对消费者的情感信任产生正面的积极影响；最后，被大众认可的企业形象与消费者对企业的满意度、忠诚度与这两种信任层面均成正相关关系。

在以消费品市场为背景条件的研究中，Lau 和 Lee 则认为品牌发展潜力、品牌行为能力、品牌声誉、品牌喜好也会对消费者品牌信任产生显著的影响。

马明峰、陈春花（2006）指出影响品牌信任的主要方面包括顾客的品牌信任倾向、顾客的经济状况、品牌消费经验、品牌类型、品牌可信度。这几个方面共同发挥作用，顾客信任倾向越高，消费经验越好，对品牌可信度的要求就越低；顾客的人际信任倾向越强，经济状况越好，感知的品牌可信度越高。

柴俊武（2007）通过研究指出品牌态度与品牌信任呈正相

关关系。

袁登华（2007）在前人研究的基础上提出品牌信任会受到品牌经验、品牌特征、公司特征、品牌与消费者互动特征以及品牌熟悉度的影响。

龚振、莫露樨、王琪（2007）指出品牌信任受到三个方面的影响，包括经济价值、核心产品、顾客满意。即品牌产品带给顾客的经济价值越高，消费者对该品牌的信任度就越高；而高质核心产品意味着企业拥有极高的知名度，技术含量超高的产品，优势的市场份额和雄厚的经济效益，这些都会成为消费者品牌信任形成的重要源泉；最后，顾客对品牌产品越满意，其感知到的风险就越小，从而越容易形成品牌信任。

贺爱忠、郑帅、李钰（2009）的研究证实，公益营销会对顾客品牌信任产生影响。具体来说，顾客对公益营销的持久涉入度与情境涉入度、顾客感知的品牌和事件的拟合度都会对顾客品牌信任产生显著的正影响。

罗雪梅（2008）提出了影响顾客品牌信任的四因素，即感知质量、顾客满意、感知风险以及品牌声誉。

马克态（2010）则提出了影响顾客品牌信任的因素的五要素，即感知质量、品牌形象、感知风险、企业价值观以及品牌认同感。总结起来，对品牌信任产生影响的主要有以下因素。

（1）品牌声誉

陶奈（Doney）和卡鲁（Cannon）（1997）的研究认为，在买卖关系中，买方对卖方公司的信任会受到公司声誉的显著影响。不仅如此，企业合作伙伴之间相互的信任也是建立在良好的声誉基础上的。在西恩巴切利（Schoenbachler）和戈登（Gordon）（2002）、西奥（Siau）和沈（Shen）（2003）、克弗雷尔斯（Koufaris）和汉普顿·索萨（Hampton - Sosa）（2004）、沃克扎奇（Walczuch）和德格仁（Lundgren）（2004）等人的研究中，我们也可以发现，消费者对产品供应商的信任会受供应商声誉的影响。

耶尔文佩（Jarvenpaa）、特雷西汀斯基（Tractinsky）和维达莱（Vitale）（2000）通过实证研究指出，消费者感知到的网店声誉与其对网店的信任度有着密切的关系，即消费者对其良好声誉的感知度越高，对其所产生的信任度也就越高。Johnson 和格雷森（Grayson）（2005）指出消费者对金融服务供应商的认知信任和情感信任均会受到供应商声誉的影响。

（2）产品质量

艾瑞克森（Erickson）、约翰松（Johansson）和 Chao（1984）通过研究提出，无论是国产车还是进口车，汽车的功能和属性都会对其形象产生显著的影响，从而进一步改变顾客对汽车的态度，最终对顾客信任形成一定的推力或者阻力。

（3）消费者满意

贝内特（Bennett）、McColl - Kennedy（迈克尔·肯尼迪）和 Coote（库特）（2000）指出对某一品牌有过满意购买经历的消费者在未来的购买行为中更容易产生品牌信任。这与德尔加多·贝里斯特（Delgado - Bellester）和摩尔拉·阿拉曼（Munuera - Alemán）（2001）的研究结果是一致的。总体来说，就是消费者的总体满意对品牌信任有显著影响。Johnson 和 Grayson（2005）针对金融服务的研究指出，消费者对供应商的信任无论是从认知上还是情感上来说，都会受到之前交易满意度的影响。

4.1.3.3 品牌信任结构

从大量的文献中我们可以发现，为了理清品牌信任的结构问题，国内外学者做了大量的研究，也存在着一定的分歧，通过归纳总结，大体上可以将品牌信任分成一维、二维、三维三种不同的思想。

(1) 一维思想

在早期的研究中，品牌信任大多被看作单维的变量。拉斯雷尔（Larzelere）和汉斯特（Huston）（1980）通过对人际信任的研究，开发了一个包括企业诚信、品牌可靠性、消费者信心等九个项目的一维信任量表。在这一信任量表的基础上，摩根（Morgan）和亨特（Hunt）（1994）指出，各个企业组织间的相互信任关系也是一维的，不论是相互之间的真诚还是善行，在本质上是没有什么区别的。与此相同，在研究消费者与品牌关系时，福尼尔（Fournier，1994）也指出品牌信任只是由消费者对其所依赖的品牌的信心程度这一个维度所构成的。

王文松（2007）根据艾琳娜（Elena）和约瑟（Jose）于2001年提出的品牌信任的两个构面观点，认为品牌信任应该包含品牌可靠度和品牌承诺两层含义。

李游（2008）在其研究中提到品牌信任存在于两个层面：①使用价值层面，即顾客表现出来的对企业产品和经营行为的质量、性能、服务、价格等的信任与认同；②源于文化和价值观认同的信任，即企业针对不同市场定位提供不同文化内涵的产品，用情感营销方式来突出品牌的情感要素，从而达到建立企业与顾客之间信任与认同关系的效果。

(2) 二维思想

在不同的时期，学者们对品牌结构的两个维度有着不同的看法。最初是从尔登（Erden，T.）和斯威特（Swait，J.）（1998）的研究中体现出来的，他们认为品牌信任的二维包括该品牌企业是否愿意并且是否有能力兑现其产品在功能、性质、质量、服务等方面的承诺。随后，Elena Delgado - Ballester（2003）等人也从理论的角度出发提出了他们的看法，认为品牌的可靠度及其行为意向同样构成了品牌信任的两个维度。

米·阿利斯特（Me Allister）把信任划分为认知型信任和情

感型信任。他指出经过长时间持续交往，信任方和被信任方会在回报对方关心的基础上形成一种感情纽带，这种融入了感情的纽带也就是所谓的情感信任；与这种逐步建立起来的感情不同，认知型信任更侧重于消费者对该品牌所形成的最初的认识，也就是第一印象，即先入为主的认识。

(3) 三维思想

总结以往的研究成果，我们发现，学者们较为普遍地将品牌信任的结构分为三个维度来分析理解。赫斯（Hess，1995）开发的信任量表从品牌的真诚度、利他度、可靠度三个层面来阐释了品牌信任的结构。这也是品牌信任结构的三维思想首次被提出来。乔克·盛罗（Geok Theng Lau，1999）等人则对品牌的声誉、能力以及可预知性进行了研究。Arjun Chaudhuri (2001) 等人也指出，品牌的可信度、诚实度、安全度构成了品牌信任的三个维度。

以上这三种提法均是从品牌本身出发，更侧重于对信任品牌的客观要求，而帕特里夏·格里兹（Patricia Gurviez，2003）等人从消费者的角度出发，将品牌信任看做是一种主观的消费者心理变量。他们将品牌的可靠度、诚信度、善行度让消费者在心中予以衡量，并做出带有主观感情色彩的评价，从而据此来判定这三个层面是否组成了品牌信任结构的一部分。

罗·里克（Lew ick）和伊·邦克（i Bunker）也从消费者角度出发，提出了由消费者理性选择所形成的计算型信任，由消费者对目标品牌在情感和认知上均予以认同所形成的认同型信任，以及由消费者与目标品牌在长期交易过程所形成的知识型信任。贺爱忠、李钰（2008）通过对他们的研究成果进行整合，除了计算型信任、知识型信任，将认同型信任更加细化，分为了基于认知的信任和基于情感的信任。

金玉芳、董大海（2010）指出品牌信任包括对品牌的能力表现、诚实善良的信任及总体信任三个维度。在此基础上，吕倩、杨培文（2007）提出顾客对品牌特征的信任包括对能力表现的信任和对诚实善良的信任。

（4）针对具体情境的研究

孙菊娥（2008）针对服务业进行的研究显示，在服务行业中，品牌经验是影响品牌信任的一个重要变量。顾客的直接性品牌经验不仅会直接影响消费者信任的形成，而且可以通过品质满意间接影响品牌信任的形成。再者，顾客的间接经验还可以通过信息满意对品牌信任产生间接的正向影响。

张正超，曹敏，刘芬（2008）针对"80后"消费者的实证研究证明，品牌表现、品牌形象、品牌声誉、品牌的广告与公共关系都会对"80后"消费者的品牌信任产生正面的积极效应。

于伟、倪慧君（2009）以物流企业为对象，通过实证研究发现，物流企业服务的可靠性、敏捷性和移情性能够通过感知价值来影响消费者的品牌信任，同时敏捷性和移情性还可以通过服务的满意感来影响消费者的品牌信任，而品牌的知名度可以直接作用于消费者的品牌信任。

4.1.3.4 品牌信任对消费者行为的影响

巴利斯特（Ballester）和阿莱曼（Aleman）（2001）从关系营销的角度，强调了信任对消费者未来行为倾向的作用。

希特曼（Sichtmann，2007）对以往的研究成果进行总结发现：对企业而言，信任是促使企业营销活动成功的关键因素；对顾客而言，顾客品牌信任能够促使其对该品牌产生品牌忠诚。另外，他通过结合信任和消费者行为的相关理论得出结论，认为品牌的能力与可靠性能够影响顾客的品牌信任；反过来，品牌信任又能够影响顾客的当前选择和口碑传播。

另外，赫斯（2004）通过实证研究得出，品牌信任能够影响顾客的品牌承诺。贾博雅（Zboja，2006）通过在零售行业的研究得出结论，认为顾客对品牌的态度在一定程度上体现了其对品牌产品零售商的态度，最终会使得顾客对该品牌的再购买意愿与行为得以强化。

李钰（2008）在前人研究的基础上得出：顾客品牌信任能够对顾客行为产生积极的正面影响。随着顾客对品牌信任度的加深，其对该品牌产品购买的不确定性就会降低，从而感知到的风险就会下降，最终对顾客的购买行为产生影响，促使顾客进行再购买。

4.1.3.5 如何建立品牌信任

马克态（2010）通过研究指出，企业品牌可以通过提高品牌商品的内在质量、树立良好的品牌形象、降低品牌的可感知风险、树立顾客至上的服务理念、提高品牌的社会认同度等措施来获取顾客对其的信任。

于春玲、郑晓明、孙燕军、赵平（2004）指出，在消费品市场上，企业想要建立起顾客的品牌信任，应该从以下四个方面进行努力：保证质量水平，采取多种渠道和形式建立良好的品牌形象，树立消费者利益至上的价值观，强化品牌的社会认同度。

罗雪梅（2008）也提出了建立顾客品牌信任的思路：强化品牌的内在质量，保持品牌质量的稳定性，提高顾客满意度，降低品牌的可感知风险，提升品牌的经济价值，树立品牌良好的声誉。

王文松（2007）在研究基于顾客品牌信任的营销对策时，提到强化质量意识、实施精品工程、提升服务理念和升华品牌使用的精神感受是提高品牌信任度的基本措施。因此想要建立有效的顾客品牌信任营销策略，就必须注意提高品牌商品的内在质量，树立良好的品牌形象以及顾客至上的服务理念。

4.1.3.6 促销伤害危机中的品牌信任

图4.3表达了促销伤害危机中消费者品牌信任的变化及其影响因素。品牌的先前状态（如产品质量、企业声誉等）、消费者与品牌的先前关系（如消费者满意、消费者品牌态度等）决定了消费者的品牌信任，而促销伤害危机的产生将导致消费者对品牌的信任危机，企业应对方式是化解信任危机的工具，而品牌先前状态和消费者关系对信任危机具有调节作用。

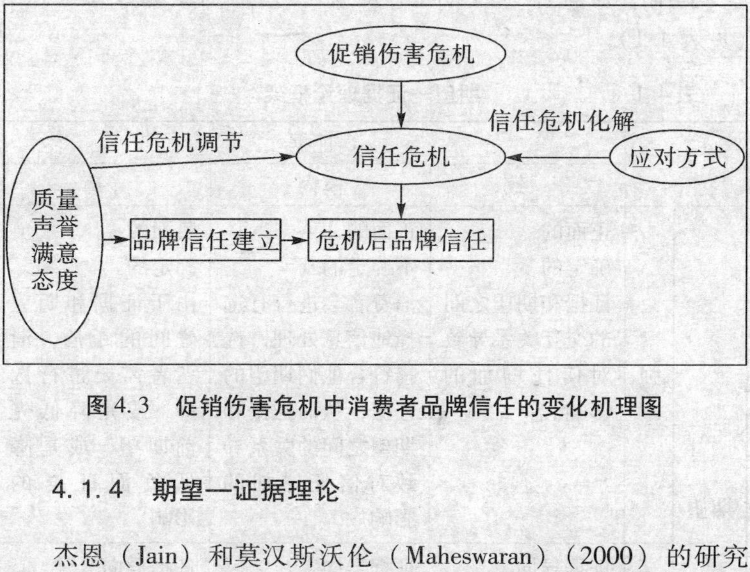

图4.3 促销伤害危机中消费者品牌信任的变化机理图

4.1.4 期望—证据理论

杰恩（Jain）和莫汉斯沃伦（Maheswaran）（2000）的研究表明，消费者倾向于将新的信息进行偏差性的处理以得到他们所希望的结论。达利（Darley）和格罗斯（Gross）（1983）的研究说明了这种情形产生的原因。

奥利弗（Oliver）和维纳（Winer）（1987）指出证据在不同的期望下会有不同的解释。达利和格罗斯（1983）的研究表明，消费者倾向于有选择地寻找与他们的期望相符合的证据，并对这些证据加以更重的评价。在市场营销研究中，很多学者通过广告的展示，并配合独立的确定性的或非确定的证据来操控消费者的先前期望。这些研究表明在证据不确定或不清晰的情况下，证据和期望之间有交互作用。

戴维（Dawar，2000）对证据和期望之间的交互作用进行了归纳和总结，他将期望的程度和证据与期望的符合程度进行了分类。消费者的先前期望被分为两个水平（强的正向期望和弱的正向期望），证据与期望的符合程度则被分成了三个水平（一致，模糊，矛盾）。关于期望—证据之间的关系，戴维做了总结（见表4.1）。

表4.1　　**期望—证据理论框架**

		证据		
		一致	模糊	矛盾
期望	强	正面的 确定的 证据和期望之间的交互关系导致对信任增加的影响。	正面的 不确定的 消费者会进行有选择地信息处理，选择符合他们期望的证据，从而证据和期望之间的关系导致对信任增加的影响。	负面的 确定的 由于证据和期望之间的矛盾，消费者需要进行选择，或是降低先前期望，或是降低负面证据的影响。
	弱	证据导向 明确：消费者信任会因为证据的主要作用而改变。	证据导向 不清：如果消费者认为在模糊的证据中能找到对其判断有用的部分，那他们的信任有可能改变。	证据导向 不清：由于证据与期望的矛盾作用，消费者会在失望或进一步降低期望中左右为难。

期望—证据理论有助于我们在研究中理解发生促销伤害危机的企业在危机前的企业声誉对于消费者态度的影响作用。企业声誉与消费者期望呈一致性，当企业声誉高时，消费者期望也高，并且，这与消费者是否有过与企业的交易历史没有关系。当发生促销伤害危机时，可以认为消费者看到了模糊的证据或与其先前期望矛盾的证据，这时，消费者对于企业的态度变化会受到其对于企业先前期望的影响。这种关系可用图 4.4 进行解释。

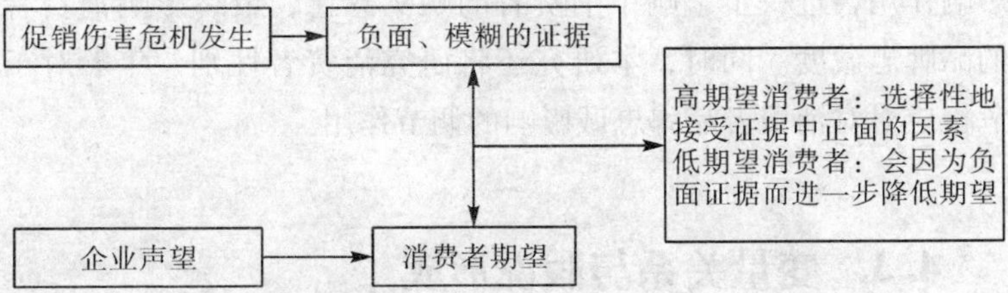

图 4.4　期望—证据理论在促销伤害危机中的作用机理

4.2　模型构建

图 4.5 是本研究所构建的促销伤害危机对消费者品牌忠诚

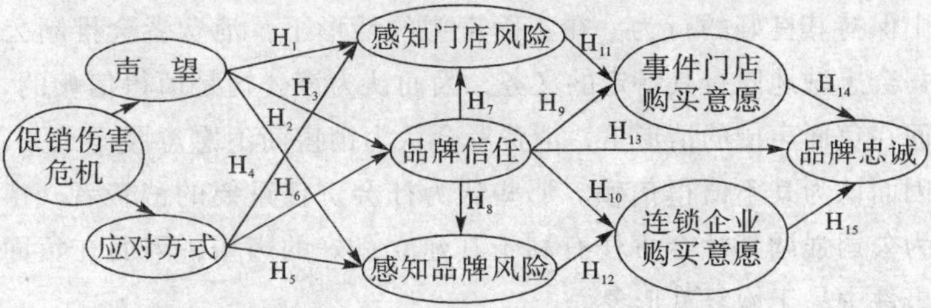

图 4.5　促销伤害危机对消费者品牌忠诚影响模型

影响模型。模型的形成是基于通过对感知风险、消费者信任、公平理论、期望—证据理论等已有的理论在促销伤害危机中的应用而得到的。我们以危机前企业声望、企业应对方式为自变量，以消费者品牌忠诚为结果变量，表达了在发生促销伤害危机后，企业声望和企业对危机的应对方式对消费者品牌忠诚的影响作用。同时，模型表达了企业声望和应对方式通过感知风险、消费者信任、购买意愿对品牌忠诚的作用机理，危机前企业声望和危机应对方式通过对消费者感知风险、消费者信任的影响作用，进一步影响了消费者的购买意愿，最终影响消费者的品牌忠诚度。同时，本研究还将研究消费者性别、年龄对于危机应对对消费者品牌忠诚影响的调节作用。

4.3 变量关系与假说形成

4.3.1 声望与感知风险

由于销售商的良好声望给消费者提供了其诚实或能够满足现有消费者期望的信息，因而是一个重要的降低风险、提高信任的因素。建立良好的声望是一个基于以往交易的社会化过程。消费者认为，一个有良好声望的销售商会倾向于在现在的交易中保持其良好的行为。在正面声望的情形下，消费者会推断公司会忠诚地履行其特定的义务，因而认为该公司是值得信赖的。而在负面声望的情形下，消费者会认为销售商不愿意履行义务，因而认为其不值得信赖。那些认为社会责任重要的消费者，认为公司强调其社会责任有利于其建立良好的声望，因而在负面事件中易于恢复其形象。

卢曼（Luhmann，1989）指出，当消费者认知有限时，他们会通过寻求精神上的途径来减少购买过程中的不确定性和复杂性，而一个有效的精神途径就是信任，它可以为消费者提供一种减少风险以应对不确定性的工具。费舍尔（Fischer）等（2004）指出，品牌形象是一个重要的降低感知风险的因素。

纳林（Nena Lim）的实验表明，很多被试验者对于高声望的公司感知风险较低，他们愿意相信其他人的反馈，而不是通过自己的实践进行判断，例如，他们对于亚马逊商店的感知风险小，因为它有良好的声望。

达顿（Dutton）等认为，拥有良好声誉的公司一般都会伴随着出色的财务表现、优质的产品和服务以及较高的媒体曝光率，再加上良好的声誉本身就代表了一定的声望，这不仅增加了该公司对顾客的吸引力，更在顾客心中建立了稳固的地位，从而促使顾客更倾向于信赖和认同其提供的信息，大大降低了感知风险。即使在面对危机时，改变其现有态度的可能性也较低。也就是说，企业声誉与顾客企业认同正相关，消费者感知的企业声誉越好，认同感越强，感知风险也越低。

西蒙克斯（Siomkos）和柯尔巴德（Kurzbard）（1994）发现，品牌声望可以减少顾客对风险的感知，品牌声望越高，顾客对其产品危害的感知风险就越小。即使是在面对相同的危机事件时，相较于声誉较低的品牌，顾客对声誉较高的品牌也会产生更低的感知风险以及更强的购买意愿。

崔金欢、符国群（2002）指出，在产品危机事件发生以后，如果该企业本身就具有良好的信誉并深受顾客信赖，那么即使是顾客接触到了对企业不利的负面信息也会因此作出对企业有利的正面解释。杨洋、方正、李蔚（2010）据此提出，声誉对于企业来说是重要的无形资产，它不仅可以促进企业更快捷地盈利，还可以在危机发生时降低顾客对危机产品的感知风险，减少顾客购买意愿的下降。

谢佩洪、周祖城（2009）认为，企业社会责任行为可以通过公司声誉和顾客企业认同对顾客购买意愿产生影响，这也就意味着企业社会责任感越强，其声誉就越好，也就更能够得到社会的认可与信赖，从而减少感知风险，对顾客的购买意愿产生正面的影响。

潘煜、张星、高丽（2010）在针对网络零售的调查研究中，发现品牌形象与顾客感知风险负相关，即顾客感知到的品牌形象越佳，品牌声誉越好，就越能够降低顾客对网上购物所产生的感知风险。

周伟忠、沈杰（2010）通过对济南银座连锁超市进行实证研究，指出品牌作为企业的一种无形资产，其形象会对消费者品牌认知产生显著的影响。消费者越认可某品牌形象，就越满意该品牌，以至于从心理上感觉购买该品牌可以降低消费风险。

基于以上研究，我们得出如下假设：

H1：连锁超市声望越高，消费者感知事件门店的风险越小。

H2：连锁超市声望越高，消费者感知连锁企业品牌风险越小。

4.3.2 声望与品牌信任

巴列斯特（Ballester）指出，品牌声望对品牌信任有重要的影响，对于不熟悉产品品类而难以判断品牌是否可信任的消费者来说，品牌声望是一个重要的信号因素，品牌声望对于消费者的品牌信任建立起到了非常重要的作用。古纳里斯（Gounaris）和斯塔萨科普罗斯（Stathakopoulos）（2004）也指出，当对信息的直接搜索有困难时，品牌声望与品牌信任有密切的联系。

默里（Murray）和西恩（Shohen）（1992）指出，良好的公司声誉帮助 J&J 公司度过了 1980 年的产品有毒和贿赂事件。无疑的，消费者对于公司的信任，或者是公司的高声誉，会在现有的危机事件中对消费者对危机的反应产生正面影响。

在负面公众信息的研究中，“期望—证据”模型认为，对公司声望的不同描述（好或坏），会生成消费者对公司在负面事件中不同的应对期望。当好声望的公司进行不恰当的危机应对时，消费者仍然对其有好感；而坏声望的公司进行同样的应对方式则会失去消费者的好感。这可能是由于在公司进行危机应对时，事件的责任仍不清楚，而不恰当的应对方式危机情形更不明朗，或者表达了公司将责任加于其他可能的责任人的企图。好声望的公司有可能从这种不明朗的情形中受益而保持其好声望，坏声望的公司会被认为是想误导消费者，从而造成更严重的负面影响。

贝德（Bird）（1970）等人经过研究发现，对某一品牌形象的认知，不同的消费群之间存在着明显的差异性，不论是现在正在购买该品牌的消费者，还是曾经购买过以及从来没有购买过该品牌的消费者，对其形象认知都不同。由此我们可以看出，品牌形象会影响消费者对该企业的看法，拥有良好品牌形象的企业更容易获得顾客的好感，进而产生信任感和依赖感。

Doney（1997）指出，企业声誉不仅能够促使消费者形成对企业的仁爱、正直和诚信等方面的信任感知，更能够使其提高对企业的依赖性。因此当一个企业拥有良好的声誉时，消费者对其信任会有明显地增强。

麦克奈特（McKnight，2004）等研究认为在顾客在对新的品牌的探索性阶段，因为之前没有对该品牌的直接体验和购买经历，一定程度上就会将其信任基于感知到的品牌声誉。

瑞兹尼克（Resniek P，2002）在对电子商务进行的研究中提到，顾客也会通过市场上所提供的声誉系统服务来获取企业的品牌信息，从而降低信息的不对称性，提高顾客对企业品牌的信任。方明珠、卢润德、吴伟平（2010）在对电子商务模式下消费者信任影响因素的研究中也提到，在目前的网购环境中，网上声誉体系应用得很广泛，它可以用来为卖家声誉进行评定和打分。该声誉体系的应用增强了顾客对网上购物的信任度。这就充分说明声誉对商家与品牌信任有着显著的影响力。

潘煜、张星、高丽（2010）也指出，网络零售商的品牌及其口碑与顾客进行网上购物时的信任正相关，也就是说，网络零售商品牌声誉越高，顾客对其良好形象的认可度就越高，就更能促进顾客对其信任度的提高。

杨志勇、刘东胜（2010）在以大学生品牌作为研究对象的调查中，充分体现了提升品牌的形象就意味着提高品牌的声誉，这不仅可以在一定程度上使品牌保持本身所具有的独特性与吸引力，更可以将其形象与目标市场上的广大客户所追求的个性融为一体，从而更有效地提高顾客对该品牌的信任度。

基于以上研究，我们得出如下假设：

H3：连锁超市声望越高，在危机后消费者对连锁超市的品牌信任越高。

4.3.3 应对与感知风险、品牌信任

乌尔姆和斯诺（Ulmer and Sellnow，2000）指出，在面对负面公众信息时：第一，如果公司被视为不负责任、不诚实、违法，或者表现得不重视沟通，那么公司会失去社会合法性。为确保其合法性，公司必须建立其所代表的价值和社会规范间的一致性。第二，危机会导致为了弄清事实真相而对证据的关注，这可能会需要长期的调查或法律程序。关于证据的问题通常是非常复杂的，而一般消费者会依赖于媒体来解释调查的发现，而这些发现的意义可能同样复杂。第三，有一个关于谁应该被责备的问题。公众需要明白原因，分清责任，而这与事件的严

重程度、公司是否该对事情负责的明确程度有关。以上三个因素说明公司在危机中的沟通具有战略上的重要性。

Bradford 和 Garrett（1995）研究了在四种常见的危机情形下，五种不同的公司危机应对对于消费者对于公司感知形象的影响。可能的四种情形是：①公司能够提供证据说明他们没有不道德行为；②公司能够提供证据说明他们对于事件的发生没有控制能力；③公司能够提供证据说明事件的严重程度没有媒体报道的那样严重；④公司承担事件的责任。主要的五种应对有：①不承担责任；②否认；③解释；④承认公司对于事件负有责任，但辩解说事件的严重性不如被报道的那样严重；⑤承认事件的严重程度，并对事件承担责任。研究表明，在不同的情形下，“承担责任”都是最优的沟通策略。

Dawar 和 Pillutla（2000）发现不同的公司在相同的反应下有不同的效果，同时这与消费者的期望有关。如果消费者对于产生危机的公司有良好的先前认识，那么公司负面信息对于消费者的影响会降低。而如果消费者对于产生危机的公司没有良好的先前认识，那么消费者会对公司有更多的负面认识。这样的影响在以下不同的公司应对中都存在：①承认产品问题并道歉、召回和补偿；②承认产品问题但不道歉、召回或补偿；③公司无应对。

姚永平提到，在面对危机时，很多公司会选择隐瞒事实、推卸责任，殊不知这会将公司推至社会舆论的风口浪尖。因为在危机发生后，消费者对危机的了解并不多，却又急于了解事实，如果这时企业不能及时作出反应，而错过给大众灌输正面思想的最佳时机，就会导致负面影响扩散，让消费者感知到的风险迅速攀升。众所周知的三鹿奶粉事件，正是因为其管理者从最初的保持沉默到推卸责任，没有及时向广大消费者道歉并主动承担起相应的责任，从而拖延了危机处理的最佳时机，失去了公众的信任和支持，最终导致其破产。

产品伤害危机一般可分为可辩解型与不可辩解型两种类别。方正（2007）在研究可辩解型产品伤害危机对顾客考虑集的影响时，将产品伤害危机的应对方式分为五种，包括有事件无应对、事件出现加企业应对、事件出现加专家应对、事件出现加企业和专家双重应对；并通过一系列的实验研究证明目标企业在有应对、专家应对、企业和专家双重应对的情况下，会使顾客产生企业有利的响应，提高顾客对目标企业与品牌的信任度。他还指出对于可辩解型产品伤害危机的应对方式，相对于企业独自应对，外界如专家应对可以更有效地减少顾客的风险感知。如果是在没有外界应对作为援助的情况下，企业采取积极强烈的回应会是最好的选择；而对于不可辩解型产品伤害危机的应对，Siomko（1994）则认为目标公司采取积极承担责任并主动召回缺陷产品的策略对减少顾客风险感知更有帮助。这都充分说明了，只有积极地应对危机，作出最强劲的回应，对于目标公司来说才是最好的选择。

杨洋、方正、李蔚（2010）得出，不论是对于可辩解型产品伤害危机还是不可辩解型产品伤害危机，在危机发生后采取妥当的应对方式都会带来积极的正面影响，促使顾客的产品评价、购买意愿、购买行为随着时间流逝而逐渐恢复。

基于以上研究，我们得出如下假设：

H4：应对方式越积极，消费者对事件门店的感知风险越小。

H5：应对方式越积极，消费者对连锁企业品牌的感知风险越小。

H6：应对方式越积极，消费者对连锁企业的品牌信任越高。

4.3.4 品牌信任与感知风险

普遍认为，信任和风险是不同的概念。迈耶（Mayer）等认为，风险行为受到信任和感知风险的双重影响，他们定义信任为接受风险的意愿，而定义感知风险为正面或负面结果的可能，迈耶认为信任是一个人基于对另一个人的特征的认识而作出的行为选择。在这个概念下，迈耶提出了一个组织关系的二元信任模型，研究信任者和被信任者双方的特征对信任方式的影响。他在模型中提出，衡量被信任者是否值得信任的三个特征是能力、善意和保证。模型的逻辑关系是，当信任者感知被信任者在能力、善意和保证这三者达到足够的水平时，信任者会建立对被信任者的信任，或者说愿意接受其不确定性。如果对于卖家的信任程度超过了感知风险的临界值，那么信任者会与卖家建立一种包含风险的关系。也就是说，在对可能的负面结果有感知风险的情形下，信任是一个决定行为的关键因素。

在感知风险和信任的关系上有很多不同的看法，研究者们从不同的角度研究了信任和风险的关系，如信任是风险的前置变量、平行变量或结果变量。斯图尔特（Stewart）研究了消费者对网站的信任和网上购物的感知风险之间的关系，她认为感知风险是消费者信任和购买愿意的调节变量。Kim 等认为，消费者购买意愿是由信任和感知风险两个变量的权衡得到的。如果信任的程度大于感知风险的程度，那么消费者会作出信任销售商的行为，因而信任是风险的平行变量。Mitchell 认为感知风险和信任之间是相互影响而非递归的关系。

劳费尔（Laufer）和凯瑟琳（Kathleen）认为，影响消费者对于网络卖家的信任有四个因素：感知的安全控制、感知的隐私控制、感知的诚实、感知的能力。而消费者对网络卖家的信任对于他们网络购物感知风险具有负面影响。

达斯（Das）和特恩（Teng）（2002）指出，信任是信任者在风险环境下对于被信任者的好感和依赖，良好的信任有助于降低信任者感知到的不确定性，因而将信任作为感知风险的前置变量之一。Luhmann（1989）指出，当消费者认知有限时，他们会通过寻求精神上的途径来减少购买过程中的不确定性和复杂性，而一个有效的精神途径就是信任，它可以为消费者提供一种减少风险以应对不确定性的工具。格拉布纳（Grabner）和卡鲁斯查（Kaluscha）（2003）认为，信任的重要结果就是对于不确定情形或风险情形下的良好意愿或期望，也就是说，信任降低了不确定性。Fischer 等（2004）指出，品牌是一个重要的降低感知风险的因素，而品牌信任则是品牌功能中重要的二级变量。同时，当感知风险越高时，品牌信任的重要性也越高。

总体来说，信任从两个方面影响了感知风险。首先，在消费者必须承受风险而对于结果没有完全控制的情形下，信任起了重要作用。当信任增加，消费者的感知风险会降低，而信任减少时，感知风险会升高。感知风险是消费者信任对购买意愿的影响的作用间的调节变量。其次，一些研究者指出信任和购买意愿间有着直接的正向关系。

卡洛斯（Carlos）等对网上购物环境的研究结果表明，顾客感知到的网站可用性与其满意度以及信任度是正相关的，也就是说，可用性感知越高即风险感知越低，而满意度与信任度就越高。

根据社会交换理论，顾客先前信任会直接影响其购买后的满意度感知，因此顾客累计的信任感知会影响其满意感知。反过来，根据认知一致性理论，顾客会努力协调其信念和行为，当其对于信任的信念不够强烈时，他们对产品以及品牌的满意度就会降低。格文尔（Gwinner，1998）的研究发现，顾客对产品及品牌的信心会降低其内心的焦虑与不安，增强其信任度，降低购买所带来的风险和不确定性，从而减少感知风险。

在心理学、社会学和经济学文献中我们都可以发现，诸多学者认为如果具备了确定性，就不会存在风险与应对风险的这种特定关系，因此不确定性是信任的一个必要条件，消费者感知风险的存在为消费者信任创造条件，反过来，消费者信任令其本身在主观意愿上敢于承担感知到的不确定性风险。夏星、时勘、石密（2010）在对网络环境下的信任管理与风险感知的探讨中就提到了，诸多学者都认为信任与风险感知之间具有高度的联系，其中六种具有代表性的观点包括信任是风险感知的结果；风险感知是信任的前因；风险感知既是信任的前因又是信任的结果；风险感知与信任之间是一种对应关系；风险感知和信任互为因果关系；信任是风险感知的一个子集。

信息不对称性的存在，导致了顾客在购物过程中产生不确定性，也就是感知风险。因此，顾客在购物过程中都会想办法规避或减少这种风险。唐小飞、郑杰、孙洪杰（2010）提出，顾客会根据环境因素选择与之适应的回避机制，而最常见的外部解决机制就是法治和社会信用。由于目前我国市场法治还不够完善，社会信用体系还存在一定的缺陷，顾客就会转向将自己的购买决策依品牌印象而定，以品牌信任度高的产品为选择对象。同时也要意识到，顾客根据品牌进行购买决策的行为会随着感知风险急剧增加而受到质疑，并导致顾客品牌信任发生改变。

潘煜、张星、高丽（2010）也指出，感知风险与顾客网上购物时的信任负相关，这种信任能够让消费者减少在网络这种非真实的购物环境中感知到的风险。

基于以上研究，我们得出如下假设：

H7：品牌信任越高，消费者对事件门店的感知风险越小。

H8：品牌信任越高，消费者对连锁企业品牌的感知风险越小。

4.3.5 品牌信任与购买意愿

劳费尔和凯瑟琳（1999）指出，如果个体信任某个对象，那么他有可能产生对于这个对象的正面的、积极的行为意愿。Morgan 和 Hunt. s（1994）认为信任是任何长久关系中的重要因素，消费者对于品牌的信心表达了他们的行为意愿，品牌信任中隐含了类似品牌对消费者的承诺的意义，它能为消费者将来的意愿提供解释。Elena Delgado - Ballester 指出，信任反映了消费者的意愿，也即信任表达了消费者对于现有证据以外的感知，他们认为品牌是会负责的，不论情况有何变化，将来会发生什么问题，也会对产品的消费者负责。消费者的这种基于品牌现有表现的信任会使他们对于品牌将来的表现有正面的期望。

谢里夫·拉克（Sherriff T. K. Luk，2008）认为品牌信任表达了消费者对于品牌的正面期望和信念，并且在购买过程中起到重要的作用。对于品牌的信任会导致消费者行为上的后果，如果说企业的能力、可靠性、可信度，满足消费者特定需求的愿望和善意等方面体现了品牌信任，那么品牌信任从心理层面则会激起消费者对品牌的承诺。例如，可靠性和可信性都表达了品牌的价值承诺，这两者会逐步建立起消费者对于通过购买而将得到满足的信心；而企业的能力会使消费者认为其有能力实现其承诺，善意及努力解决消费者的特定问题的意愿使消费者相信他们会得到额外的价值。所有这些积极的刺激使消费者对于品牌建立一种正面的购买意愿。

Ahluwalia（2000）发现，在发生负面宣传事件时，品牌信任度较高的顾客会首先质疑负面信息的可靠性，因此不会对该品牌的购买意愿有较大的影响；而品牌信任度较低的顾客却会倾向于接受该负面信息，从而可能导致其放弃对该品牌的购买行为。

张洪利（2010）对长春市大型零售连锁店所售的带有自有标志的有机产品的顾客购买进行了研究，顾客在企业社会责任基础上产生的品牌信任会转化为顾客对该品牌产品的购买意愿。

熊光泽、邓丹娟、杨伟文（2010）指出，顾客品牌信任会对其品牌情感产生积极的促进作用。也就是说，当顾客对某品牌极具好感并上升为强烈的信任感时，就会相应地产生一种品牌情感，这种情感会使顾客对该品牌产生一种倾向性与依赖性，减少与其他品牌建立购买关系的可能性，从而坚定其购买意愿，并不断重复对该品牌的购买行为。

潘煜、张星、高丽（2010）也指出，顾客网上购物时的信任与其购买意愿呈正相关关系，如果顾客对其选择的网络商家保持高度的信任，其购买意愿也同样会维持在一个很高的水平。

基于以上研究，我们得出如下假设：

H9：品牌信任越高，消费者到事件门店的购买意愿越高。

H10：品牌信任越高，消费者到连锁企业其他门店的购买意愿越高。

4.3.6 感知风险与购买意愿

大量研究表明，在消费者决策制定过程中，感知风险和购买行为之间具有联系。曼苏尔·萨马迪（Mansour Samadi）、阿里·雅格霍普—雷亚迪（Ali Yaghoob - Nejadi）（2009）指出，感知风险理论解释了为什么消费者在购买决策时更愿意规避交易中的不利因素而不是寻求交易中的有利因素，这是由于消费者首先更倾向于最小化感知风险，然后才是最大化感知利得。当消费者感知到风险时，有证据表明消费者会采取某些与风险相对应的行为。Mitchell（1999）的研究也表明，感知风险对消费者行为有强烈的影响，这种影响使得消费者更加倾向于采取避免错误的行为而不是最大化购买的利益。

考西科·米特拉（Kaushik Mitra）、Michelle C. Reiss、路易丝·凯普（Louis M. Capell）（1999）等人将感知风险对消费者行为的影响分为信息搜集的时间、对信息来源的信任、行为的意向三个方面，他的研究表明，随着感知风险的增加，消费者的行为意向有所变化。在低感知风险的情况下，消费者信息搜集的时间少，信任主要媒体，有低的风险规避行为意愿，而在中感知风险的情况下，消费者信息搜集的时间较多，对主要媒体和个人渠道的信息同样看重，有中度的风险规避行为意愿；而在高感知风险的情况下，消费者信息收集时间多，信任个人渠道的信息，有高度的风险规避行为意愿。

露丝·杨（Ruth M. W. Yeung）和乔·莫里斯（Joe Morris）（2006）在对食品购买的消费者决策行为研究中，发现感知风险对于购买意愿具有显著的负面影响。

杨洋、方正、李蔚（2010）指出，当危机发生以后，消费者最关心的问题就是危机品牌产品给自己带来的危害程度有多高，进而根据自己感知到的风险危害调整购买意愿以及购买行为。当产品缺陷越大，危机越严重，消费者感知到风险就越大，这就会导致危机负面影响不断地延伸，最终引起消费者购买意愿的降低，终止对该品牌产品的购买行为。

李敏（2010）对农产品品牌价值进行了研究，指出顾客从农产品和品牌过去的购买经验形成的认知对其未来的购买决策有重要影响。要诱使顾客选择某一品牌，就必须保证该品牌能给顾客带来较高的满足感，从而树立优秀的品牌形象，减少顾客对该品牌的感知风险，对其形成持续而深入的购买意愿。

楼尊（2008）以商业银行的网上服务为研究素材，探讨了顾客对 SSTs（自助服务技术）的评价与使用，指出顾客对 SSTs 的评价是对其所得（感知有用）和所失（感知风险）的综合评估与衡量。当顾客感知到网银具有快捷性、便利性和选择性，就会对其产生倾向性，加强对 SSTs 的使用；相反，当顾客感知到的只是网银的风险，比如担心网银会侵犯隐私与财产安全，对网银虚拟交易的陌生感与不确定性，都会对顾客的心理与态度造成负面影响，从而削弱顾客使用 SSTs 的意愿。

基于以上研究，我们得出如下假设：

H11：感知风险越低，到事件门店的购买意愿越高。

H12：感知品牌风险越低，到连锁企业其他门店的购买意愿越高。

4.3.7 品牌信任、购买意愿与品牌忠诚

信任和忠诚的关系在消费者与公司、公司与公司间的关系中都被研究者们广泛地探讨。迪克（Dick）和巴苏（Basu）（1994）认为如果有更加积极的影响，品牌忠诚度会更高。查德胡里（Chaudhuri）和霍尔布鲁克（Holbrook）（2001）认为，当品牌使消费者“幸福”或“快乐”或“温馨”时，会使消费者有更大的购买意愿和忠诚态度。Jacoby 和斯贝斯纳特（Cbestnut）（1978）、贝斯迈尔（Pessemier，1959）、瑞奇伯德（Reichbeld，1996）等指出品牌忠诚的消费者愿意为一个品牌支付更多的价格是由于他们感知到该品牌某些独特的、其他品牌无法提供的价值。而这种独特性可能来自于消费者对于品牌更多的信任，或来自于消费者使用产品时的偏好。

Arjun Chaudhuri 和 Morris B. Holbrook 将品牌忠诚分为行为忠诚和态度忠诚，他们认为，品牌信任对行为忠诚和态度忠诚都有直接的影响，这种影响产生的原因是，信任会导致高价值的交易关系（Morgan，Hunt，1994）。因此，忠诚或承诺是在持续地保持由信任所产生的价值和重要的关系基础上产生的，也就是信任在交易中起到重要作用，而承诺也是这种重要关系的基础。马塞尔·戈曼（Marcel Gommans）、克里希·克里希南

（Krish S. Krishnan）、卡特琳·斯科弗德（Katrin B. Scheffold）等也指出，信任在行为忠诚和态度忠诚两个方面都起到重要的作用，而这又影响到公司的销售业绩和产品的价格弹性。库尔特·迈特拉（Kurt Matzler）在对消费者手机消费的风险规避和品牌忠诚的研究中，也证实了信任与行为忠诚和态度忠诚间有显著的正向关系。

Hess（1995）指出，在消费者与品牌的关系上，信任有助于消费者对于品牌产生情感上的承诺进而形成长期的忠诚。盖布瑞拉（Garbarino）和 Johnson（1999）研究了不同类型的消费者中品牌忠诚的形成机制，认为倾向于建立关系的消费者在信任的情形下对品牌有更高的忠诚度。

杰格迪普·辛格（Jagdip Singh）和迪帕克·西尔德西莫查（Deepak Sirdeshmukh）（2000）对顾客购买行为发生前后的信任、购买和忠诚间的关系进行了动态研究，他们指出，消费者在初次购买前，会通过对公司的能力、声望、产品等内容进行权衡，从而得到产品是否可信任的结论。如果消费者对公司和产品产生信任，则会形成购买的意愿。而在购买行为产生后，消费者会通过购买和使用行为进行体验，如果消费者满意，则会对企业和产品产生信任，而这种信任会形成消费者对企业的忠诚。

Oliver（1997）也提出了一个全面度量顾客忠诚度构想的框架，它包括四个有序的阶段：认知忠诚、情感忠诚、意念忠诚、行为忠诚。其中情感忠诚反映了顾客出于对该品牌的满意信任会建立起相应的偏袒态度，这样长期累积的满意信任经验自然而然就会产生对该品牌的喜好态度，从而形成品牌忠诚。

弗雷泽（Frenzen）和 Davis（1990）认为，消费者信任带来的心理收益与消费者从其购买的产品中得到的满意度是相互独立的。当消费者对其所购买的产品不够满意时，其之前由不同方式所建立品牌信任就会中和这种不满意感，从而促使消费者继续维持对该品牌产品的购买行为，不至于让这种顾客关系破裂，因此我们有理由相信，消费者信任的不断加强会导致其重复购买行为的产生，这也是消费者忠诚度提高的过程。

Singh 和 Sirdeshmuckh（2000）在研究中利用消费者信任作为消费者满意与消费者忠诚之间的调节机制得出结论，认为消费者信任在很大程度上会影响消费者满意与消费者忠诚之间的关系。消费者满意会影响消费者信任的能力和善意两个方面的维度，从而进一步影响到消费者忠诚。

克尔奇（Quelch，1996）等研究表明，在电子商务中，促进顾客购买意愿的一个关键因素就是其对市场与卖家的信任，而且顾客忠诚直接依赖于顾客的信任程度。廖列法、王刊良（2010）也对网上购物进行了研究，结果表明，在提供高质量服务、信息透明度高的网上购物环境中，对市场与卖家的信任是顾客满意的前提条件，进而通过顾客满意来影响顾客忠诚。

马全恩、刘丹、严雯青（2010）指出，消费者的信任来源于消费者在对某一品牌的长期消费过程中所逐渐累积建立起来的满意度，它是消费者对品牌可用性的认可以及凭借这种信任对该品牌所进行的购买支持行为。只有在消费者高度信任某一品牌的情况下，才会萌发出相应的认知满意和行为忠诚。因此鉴于信任对消费者品牌忠诚的决定性作用，想要成功地建立长期稳固的品牌关系，就必须想办法与消费者建立品牌信任，并在这个基础上与消费者发展更深层次的情感联系——品牌忠诚。

心理契约是社会交换理论的一个基本概念，它是以承诺为基础的责任观，而承诺的实质也就是心理契约。廖成林（2010）等人基于心理契约对顾客重复购买意愿的影响研究，提出了消费者与品牌之间建立的有效心理契约可以促进消费者信任的加强，从而形成一种长期的购买关系，反过来这种长期的购买关系又会进一步加强消费者与品牌之间的有效心理契约，在这不断循环往复的过程中，在消费者的潜意识里就形成了所谓的顾客忠诚，就算出现了心理契约违背的情况，由消费者信任与长期购买交易关系引发的顾客忠诚也会在一定程度上抑制心理契约违背所带来的负面影响。

基于以上研究，我们认为，品牌忠诚表达了两个方面的内容，一是消费者的态度忠诚，在本模型中体现为品牌信任，另一是消费者的行为忠诚，在本模型中体现为购买意愿，因此，我们得出如下假设：

H13：品牌信任越高，消费者的品牌忠诚越高。

H14：到事件门店的购买意愿越高，消费者的品牌忠诚越高。

H15：到连锁企业其他门店的购买意愿越高，消费者的品牌忠诚越高。

4.3.8 性别的调节作用

斯特茨（Stets）和斯特劳斯（Strauss）（1990）指出女性身体比男性弱，这使女性比男性更感到易受攻击。Campbell（1999）指出，从生理学角度来说，由于进化的差异，女性比男性更多地表现为谨慎而非进取。而哈里斯（Harris）和米勒（Miller）（2000）则从社会性的角度解释了男女间面对伤害时的差异，他指出女性自身的感知脆弱性更强，在面对风险时女性更加害怕成为受害者。

Laufer的研究表明，从自然生理的角度来说，女性比男性对于攻击更具脆弱性，女性顾客由于比男性顾客有更强的认为自身易受攻击的可能，在接收到伤害危机信息时，女性顾客所感到的威胁更大，更容易把伤害的责任归因到企业而不是企业以外的其他原因，所以她们对企业的责备更严厉。

伊纽肯（Iinucane）、斯洛维克（Slovic）等（2000）的研究表明，在面对同样的情景时，不同性别间的感知风险有显著差异，女性消费者的感知风险高于男性消费者。另外，当现实的风险越高时，男女间的感知风险差异越高，在面对高风险的情景时，女性的感知风险高于男性。

根据以上理论，我们认为，在面对促销伤害危机时，女性的感知风险比男性更大，因而女性的品牌忠诚低于男性。

H16：性别对应对方式对品牌忠诚的影响具有调节作用。

4.3.9 年龄的调节作用

伯格（Burger's，1981）指出当人们认为伤害与自己有关时，更可能做出防卫性的归因。汉克霍森（Heckhausen）和鲍尔兹（Baltes）（1991）的研究证明，人们认为老人面临着意志上、心理上的和生理上的衰落，因而成为更易受攻击的人群。那么，老人可能因为其更易受攻击而更多地将伤害归因于企业。

方正（2006）的研究表明，与青年顾客相比，一方面，产品伤害危机会使老年顾客感知到更多的危险。这就意味着，产品伤害危机会对老年顾客的购买意愿、消费者考虑集、品牌资产等营销变量产生程度更高的负面影响。

而另一方面，因为老人对于伤害更脆弱，因而他们更不愿意去冒险，也就是说，年龄越大的消费者品牌忠诚越高。韦伯（Weber）和汉森（Hansen）（1972）的研究表明，消费者年龄越大，其品牌转换率越低，品牌忠诚度越高；而雷诺茨（Reynords）、丹顿·马丁（Darden Martin）（1974—1975）和安斯罗普（Aslope，1989）的研究也证实了消费者的品牌忠诚度与消费者的年龄正相关。

在促销伤害的情景下，一方面是伤害使得年龄大的消费者感知风险更高因而会更多地降低其品牌忠诚，另一方面是年龄大的消费者品牌忠诚高，这使我们对于促销伤害情景下的年龄对于品牌忠诚的影响作出以下假设：

H17：年龄对应对方式对品牌忠诚的影响具有调节作用。

4.4 本章小结

本章首先讨论了研究模型形成的理论基础：感知风险理论、公平理论、品牌信任理论和期望—证据理论，并一一论述了这些理论在促销伤害危机中的作用机理。在此基础上形成了本研究的概念模型，并提出了有关变量之间关系的17个假设。

5 实证研究方法和问卷设计

5.1 研究方法选择

本研究采用实验法进行研究。首先根据2007年11月重庆家乐福促销踩踏事件及2007年10月北京家乐福虚拟原价促销事件的相关新闻报道为原型，修改之后形成财务伤害和人身伤害两组促销伤害危机的情景，并以此作为试验的刺激物。

之所以选择这两个案例作为刺激物原型，是因为它们在人身促销伤害危机和财务促销伤害危机中较为常见，带有普遍性，有助于测试消费者的一般反应机制。

在每类危机场景下又根据两种声望不同的连锁超市（国际知名大型连锁超市、地方性连锁超市）在三种不同应对方式（沉默、纠正措施、辩解）下的情况，相应地设计了六个对照组，并据此一共设计了12组问卷。详细分组情况见表5.1、表5.2：

表5.1　人身促销伤害危机下的实验场景及问卷设计

声望 应对方式	高声望	低声望
沉默	问卷一	问卷二
纠正措施	问卷三	问卷四
辩解	问卷五	问卷六

表 5.2　财务促销伤害危机下的实验场景及问卷设计

应对方式＼声望	高声望	低声望
沉默	问卷七	问卷八
纠正措施	问卷九	问卷十
辩解	问卷十一	问卷十二

另外刺激物中为避免现有连锁超市品牌认知对被试者的干扰，采用了虚拟的品牌名称。

5.2　问卷设计

5.2.1　变量的测量

本研究的操纵变量有连锁超市声望、应对方式的变化，由实验控制，中间变量包括：感知风险、品牌信任、购买意愿，感知风险和购买意愿既包括对事件门店的，也包括对整个连锁企业的，因变量为品牌忠诚。量表采用李克特 7 级量表，设计出后经过了专家调查和预测试，最后对题项进行了文字调整和增删。

5.2.1.1　感知风险的测量

感知风险在杰可贝（Jacoby）和卡普兰（Kaplan）（1972）提出的五个维度的基础上，最后形成了一个测项：心理风险。

参照产品伤害危机中斯莫克斯（Siomkos）和方正的研究，本研究对“顾客门店感知风险”采用的问卷描述是：该次事件发生后，我认为到 A 连锁超市第三分店购物的风险增大。对“连锁零售商的感知风险”采用的问卷描述是：该次事件发生后，我认为到A连锁超市其他分店购物的风险增大。采用的量表是李克特7级量表，“1”～“7”表示同意的程度，其中“7”表示完全同意，“1”表示完全不同意，分值越大代表顾客在促销伤害危机发生后的感知风险程度越高。

5.2.1.2 品牌信任的测量

品牌信任根据McAllister（1995）的观点，测量了认知信任和情感信任两个维度，问卷描述分别是：该连锁企业的品牌值得信赖；我相信该连锁企业能够信守承诺。采用的量表是李克特7级量表，“1”～“7”表示同意的程度，其中“7”表示完全同意，“1”表示完全不同意，分值越大代表顾客在促销伤害危机发生后对零售商的品牌信任程度越高。

5.2.1.3 购买意愿的测量

本研究对“顾客门店购买意愿”采用的问卷描述是：本次“A连锁超市第三分店促销伤害事件”不会阻碍我未来到A连锁超市第三分店购物。对“顾客连锁超市购买意愿”采用的问卷描述是：本次“A连锁超市第三分店促销伤害事件”不会阻碍我未来到A连锁超市其他分店购物。采用的量表是李克特7级量表，“1”～“7”表示同意的程度，其中“7”表示完全同意，“1”表示完全不同意，分值越大代表顾客在促销伤害危机发生后到事件门店和连锁超市其他门店的购买意愿越高。

5.2.1.4 品牌忠诚的测量

载斯维尔（Zeithaml）等人（1996）针对服务业提出了一个综合性、多维度的顾客行为意向构架。这个构架由以下四个维度构成：①口碑宣传；②购买意向；③价格敏感性；④抱怨行为。结合文献资料，本研究拟定对连锁超市的品牌忠诚测量维度为：口碑宣传、购买意向和价格敏感度三个，问卷描述分别是：我愿意将该超市推荐给好友；我愿意经常光临该超市；如果该超市产品价格稍微上调，我依然会去该超市购物。采用的量表是李克特7级量表，“1” ~ “7” 表示同意的程度，其中“7” 表示完全同意，“1” 表示完全不同意，分值越大代表顾客在促销伤害危机发生后的品牌忠诚越高。

问卷中还包含了对被测试者的性别、年龄、收入水平等基本情况的调查内容。

5.2.2 刺激物设计

本研究以2007年11月重庆家乐福促销踩踏事件及2007年10月北京家乐福虚拟原价促销事件的相关新闻报道为原型，修改之后形成财务伤害和人身伤害两组促销伤害危机，在实验中隐去了真实的零售商品牌以消除顾客品牌态度的差异。刺激物包含连锁超市声望描述、促销伤害危机事件和危机应对方式三方面内容，不同声望（高声望、低声望）、危机类型（促销财务伤害危机、促销人身伤害危机）、危机应对方式（沉默、纠正措施、辩解）组合形成十二种不同的模拟情景。刺激物内容如表5.3。

表 5.3　　　　　　　　　　　　刺激物设计

<table>
<tr><th>关于连锁超市声望的描述</th><th>关于危机事件的描述</th><th>关于危机应对方式的描述</th></tr>
<tr><td rowspan="2">报纸报道：
高声望：
一国际知名连锁超市 A 在中国国内各大中城市开设有多个连锁店，这些连锁店在消费者心目中享有较高声誉。</td><td rowspan="2">促销人身伤害危机：
某日上午，连锁超市 A 在重庆市的第三分店举行 10 周年店庆促销活动，其中特价食用油市场价为 50 元左右，而抢购特价 39.9 元一桶（5 升），由于人多拥挤，在第三分店现场促销时发生踩踏事故，最终造成 3 人死亡，31 人受伤的事故。</td><td>沉默：
该伤害事故发生后，媒体进行了大量报道，企业未对该事故做出任何反应。</td></tr>
<tr><td rowspan="2">纠正措施：
该事件经媒体披露后，连锁超市 A 解释说造成本次事件的原因是第三分店工作疏忽所致，并给消费者致歉。</td></tr>
<tr><td rowspan="2">低声望：
成都市本土连锁超市 A 在西南地区开设有多个连锁分店，其声誉不如国际性的知名连锁超市。</td><td rowspan="2">促销财务伤害危机：
时值元旦来临，该连锁超市在成都的第三分店进行了大规模促销活动。由于促销力度较大，吸引了大量的消费者到第三分店抢购。
但是，工商行政执法部门随后的检查发现，一款管道积木玩具在特价标签上标明原价 44 元，现价 23 元。经查询该商场销售记录证实：该产品从未以 44 元的价格销售过，售价为 23 元。</td></tr>
<tr><td>辩解：
该伤害事故发生后，企业对外宣称事故是消费者本人造成的，企业在该次促销中采取了大量措施，对事故不承担责任。</td></tr>
</table>

5.2.3　问卷结构

问卷分为两个部分，第一部分为在不同的情景下对消费者的感知风险、品牌信任、购买意愿和品牌忠诚的测量，第二部分包括对消费者性别、年龄、职业、教育程度和月收入的人口特征统计变量。问卷结构及题号详见表 5.4。

表 5.4　　　　问卷结构

问卷项目	变量	问卷题目	测量维度	题号
第一部分	感知风险	该次事件发生后，我认为到 A 连锁超市第三分店购物的风险增大	心理风险	1
		该次事件发生后，我认为到 A 连锁超市其他分店购物的风险增大	心理风险	2
	品牌信任	该连锁企业的品牌值得信赖	认知信任	3
		我相信该连锁企业能够信守承诺	情感信任	4
	购买意愿	本次“A 连锁超市第三分店促销伤害事件”不会阻碍我未来到 A 连锁超市第三分店购物	购买可能性	5
		本次“A 连锁超市第三分店促销伤害事件”不会阻碍我未来到 A 连锁超市其他分店购物。	购买可能性	6
	品牌忠诚	我愿意将该超市推荐给好友	口碑宣传	7
		我愿意经常光临该超市	购买意向	8
		如果该超市产品价格稍微上调，我依然会去该超市购物	价格敏感性	9
第二部分	人口统计	性别		1
		年龄		2
		职业		3
		教育		4
		月收入		5

5.3 抽样设计

本研究目标总体为 18 岁以上消费者。出于对时间及成本的考虑，采取便利抽样法，选定成都市 18 岁以上消费者为调查样本，进行问卷调查。

本问卷于 2009 年 5 月 1 ~ 31 日正式发送，在大学、公园、超市等地对消费者进行了问卷调查。对所有的调查对象，研究人员在征得其同意以后，让其阅读刺激物，并请其回答问题。访问分为12个组，每组发放问卷70份，共发放问卷840份，回收765份，剔除26份填写不完整问卷和无效问卷，回收有效问卷739份，有效回收率为88%。739份问卷分别按照伤害类型、连锁超市声望、应对方式的实验分组和回收情况如表5.5。

表5.5 实验分组情况

组别	伤害类型		连锁超市声望		应对方式		
	人身伤害	财务伤害	高声望	低声望	沉默	纠正措施	辩解
回收份数	376	363	370	369	234	245	260
合计	739		739		739		

5.4 统计分析方法

本研究将应用BP神经网络算法进行数据的训练，从而验证各变量之间的关系。

5.4.1 BP神经网络理论

人工神经网络（Artificial Neural Networks）是受人类大脑生物神经网络的某些机理和功能激发灵感而创建的数学模型。国际著名神经网络研究专家Hecht—Nielsen给人工神经网络下的定义是："人工神经网络是由人工建立的有向图为拓扑结构的动态系统，它通过对连续或断续的输入进行信息处理。"目前常见的神经网络模型包括感知器模型、反向传播模型（BP模型）、Hopfield模型等。

BP神经网络是一种由输入层、中间层、输出层组成的多层神经网络模型（见图 5.1）。

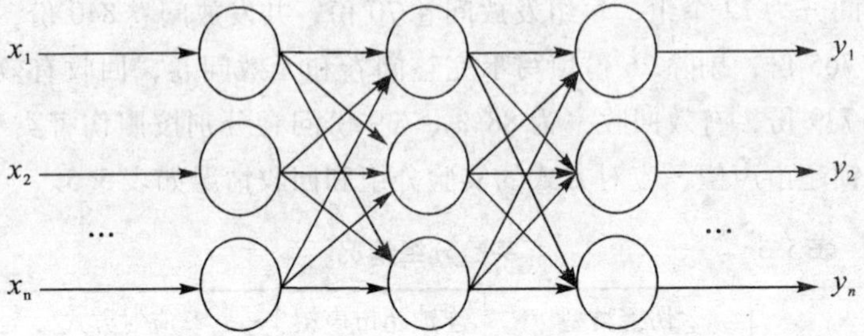

图 5.1　BP 神经网络结构

BP 神经网络思想是相邻层之间神经元进行全连接，同层的神经元之间无连接，采用输入样本数据、连接权重和阀值计算中间层各神经元的输入，通过传递函数计算各单元的输出，每次训练计算期望输出与实际输出的误差，按误差逐步减小的思想，将误差经各中间层逐层反向传递，修改神经元之间的连接权重，如此反复，直至全局误差满足限定值。

5.4.2　BP 神经网络模型计算

在利用神经网络模型进行计算之前，首先根据变量之间的关系建立 BP 神经网络模型，模型建立之后，就可以针对样本数据展开计算，包括如下内容：

（1）数据预处理：数据预处理包括对样本数据进行分组和确定输入输出变量。一般将样本数据分成训练样本、验证样本和待测样本三部分，同时，为了消除量纲影响和方便处理，常对样本数据进行归一化处理。

（2）确定网络拓扑结构：包括确定网络的隐层数、隐层节点数、传递函数等。多层神经网络常使用 log-sigmoid 传递函数，其输出值限定于 0 到 1 之间，如图 5.2 所示：

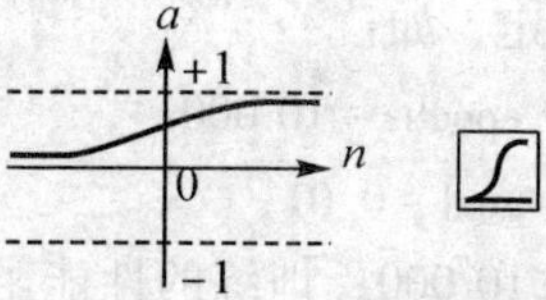

a = logsig (n)

Log-Sigmoid Transfer Function

图 5. 2　log-sigmoid 传递函数

（3）网络训练：利用误差反向传播原理不断调整连接权值使网络输出值与训练样本输出值之间的误差平方和达到期望值，最终得到可用的网络结构。

（4）网络应用：利用训练好的网络结构对待测样本进行处理，计算出预测值。

5. 4. 3　Matlab 神经网络工具箱介绍

Matlab 软件是美国 Mathworks 公司出品的一款数值计算软件，它以工具箱的形式综合了各种数据分析方法，其中就包括神经网络工具箱 Neural Network Toolbox。

MatlabR 2009a 中的 Neural Network Toolbox 提供了一系列命令来完成 BP 神经网络的计算，包括：

（1）newff

nesff 的作用是创建 BP 神经网络结构，使用方法如下：

net = newff([-1 2; 0 5],[3,1],{'tansig','purelin'},'traingd');

这里输入的是含有两个元素的向量，中间层有三个神经元，输出层有一个神经元。中间层的传递函数是 tan - sigmoid，输出层的传递函数是 linear，训练函数是 traingd。

（2）train

Train 的作用是对创建的神经网络进行训练，使用方法如下：

train (net, p, t);

表示对输入为 p，输出为 t 的数据进行训练。在训练前还需要对训练参数进行约定，如：

net. trainParam. epochs = 10 000;

net. trainParam. goal = 0. 01;

意指训练次数为 10 000，训练的性能函数为 0. 01，如果训练次数超过 10 000，性能函数低于 0. 01，训练就结束。

(3) sim

sim 的作用是使用训练好的神经网络进行模拟，使用方法如下：[y1, pf] = a = sim (net, p1)

表示对输入为 p1 的样本数据进行模拟(预测)，计算结果为 a。

5.5 本章小结

本章介绍了实证研究采用的研究方法——实验法，本方法中实验的刺激物的形成过程以及实验分组情况，阐明了在问卷中感知风险、品牌信任、购买意愿、品牌忠诚四个变量如何测量、刺激物的具体设计以及问卷结构等内容。

在抽样设计上，本研究目标选择总体为 18 岁以上消费者，采取便利抽样法，进行问卷调查，问卷于 2009 年 5 月 1 ~ 31 日正式发送，在大学、公园、超市等地对消费者进行了问卷调查，回收有效问卷 739 份。

本研究采用 BP 神经网络进行收集数据的训练，验证假设的成立情况。神经网络模型是模拟人类大脑的思维过程而建立的数学模型，能有效地反映样本数据之间内在的影响关系。在本研究中处理的样本数据是带有人为因素的调查问卷数据，因此适合建立神经网络模型来反映人为数据之间的影响关系；同时通过对问卷数据进行训练，也即是将声望、应对方式、感知风险、购买意愿、品牌信任、品牌忠诚等变量之间的影响关系提炼，并且对影响的大小进行量化。

6　数据分析与假设检验

6.1　描述性统计分析

本研究目标总体为18岁以上消费者。出于对时间及成本考虑，采取便利抽样法，选定成都市18岁以上消费者为调查样本，在大学、公园、超市等地对消费者进行了问卷调查。调查分为12个组，每组发放问卷70份，共发放问卷840份，回收765份，剔除26份填写不完整问卷和无效问卷，回收有效问卷739份，有效回收率为88%。

有效样本739份人口统计变量描述如表6.1。

表6.1　　研究样本特征

基本资料	项目	人数	百分比
性别	男	364	49.3%
	女	375	50.7%
	合计	739	100.00%

表6.1(续)

基本资料	项目	人数	百分比
年龄	18—25	205	27.7%
	26—35	128	17.3%
	36—45	116	15.7%
	46—55	143	19.4%
	56—65	112	15.2%
	65 岁以上	35	4.7%
	合计	739	100.00%

回收样本实验分组情况见表 6.2：

表 6.2　　　　　各实验分组问卷回收情况

组别	伤害类型		连锁超市声望		应对方式		
	人身伤害	财务伤害	高声望	低声望	沉默	纠正措施	辩解
回收份数	376	363	370	369	234	245	260
合计	739		739		739		

6.2　促销人身伤害危机情景下的数据分析

6.2.1　声望、应对方式对感知风险的影响

我们依据已有的人身伤害情景下的实验数据，建立初始的 BP 神经网络模型，对网络进行训练，利用训练好的网络预测不同声望、不同应对方式对顾客感知风险的影响。

分析所使用的原始数据如表 6.3：

表 6.3　人身伤害危机中声望、应对方式、感知风险变量关系原始分析数据表

样本序号	声望	应对方式	门店风险	品牌风险	…
1	1	1	4	4	…
2	1	2	7	7	…
3	2	3	6	4	…
4	2	2	3	3	…
5	2	1	4	3	…
6	1	3	5	3	…
…	…	…	…	…	…

（数据说明：1 表示声望高，2 表示声望低；应对方式 1 为沉默，2 为纠正措施，3 为辩解。）

建立不同声望和应对方式对感知风险影响的神经网络模型如图 6.1：

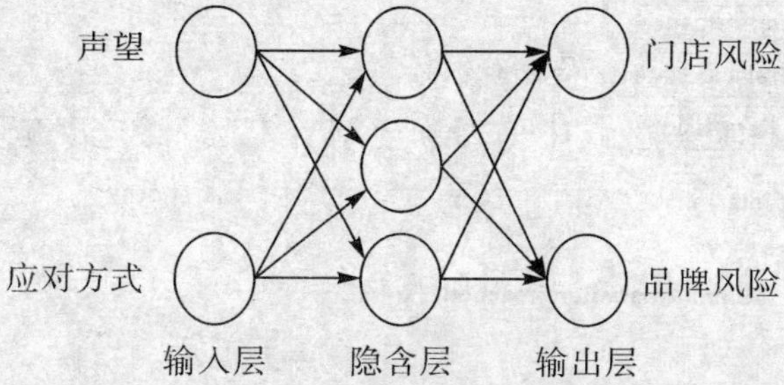

图 6.1　声望和应对方式对感知风险影响的神经网络模型

从中选取 376 个样本数据对建立的网络模型进行训练，训练结果见图 6.2：

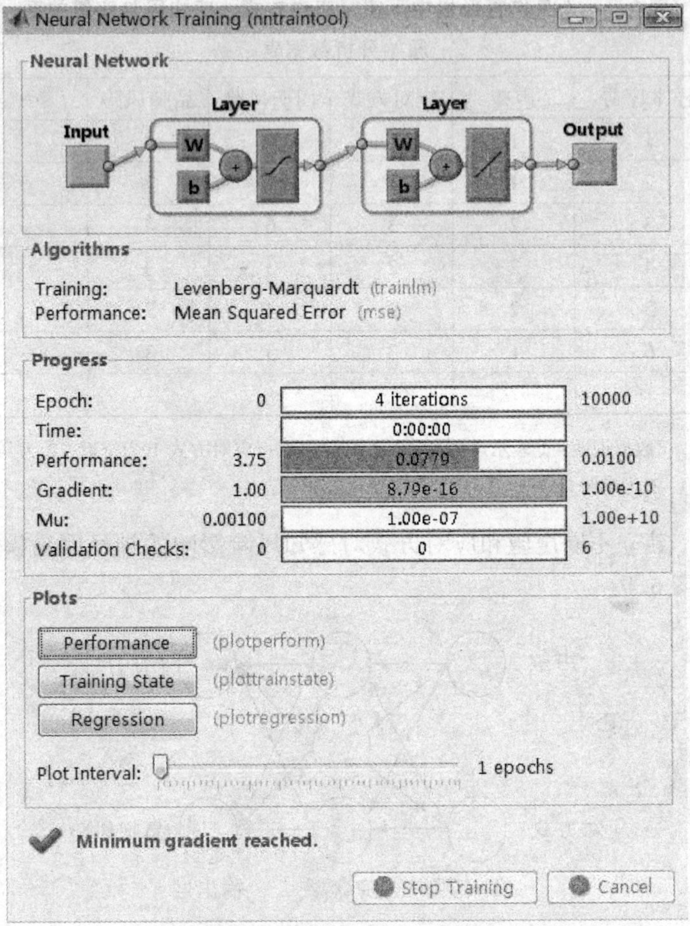

图 6.2 网络模型训练截图

模拟预测结果如下：

p1 =声望和应对（第 1 行为声望，第 2 行为应对）

1	1	1	2	2	2
1	2	3	1	2	3

t1 = 风险（第 1 行为门店风险，第 2 行为品牌风险）

0. 552 6　0. 535 4　0. 543 6　0. 539 5　0. 716 1　0. 579 5

0. 517 7　0. 497 4　0. 511 7　0. 488 7　0. 648 4　0. 566 7

根据计算结果，变量间关系见表 6. 4。

表 6. 4　人身伤害危机中声望、应对方式、感知风险之间变量关系

声望	高	高	高	低	低	低
应对	沉默	纠正措施	辩解	沉默	纠正措施	辩解
感知门店风险	0. 552 6	0. 515 4	0. 543 6	0. 539 5	0. 716 1	0. 579 5
感知品牌风险	0. 517 7	0. 487 4	0. 511 7	0. 488 7	0. 648 4	0. 566 7

结果表明，在促销人身伤害的情景下，企业危机前声望越高，消费者感知门店风险和感知品牌风险越小，H1、H2 得到了验证。

在高声望的企业发生促销人身伤害的情景下，企业采取道歉等纠正措施，消费者的感知风险最低，而在低声望的企业，企业采取沉默的方式，消费者感知风险最低；高声望的企业采取沉默和辩解这两种应对方式，对消费者感知风险的影响没有显著差异，而低声望企业在沉默应对方式下的消费者感知风险低于辩解方式下的消费者感知风险。H4、H5 部分得到验证。

这说明，不同声望的企业，在面对人身伤害的情景时所应采用的应对方式是不一样的。高声望的企业由于有较高的关注度，特别是在发生伤害情形时，企业的关注度更高，而这时企业采用最积极的道歉和补救措施的反应方式更有助于得到消费者的关注而降低感知风险。低声望的企业，由于消费者的关注度较小，而进行道歉或辩解，都有更多的提高关注度的可能，而由于企业反应所带来的消费者关注更多集中于危机本身，反而使得消费者对企业和门店的感知风险增加。

6.2.2 声望、应对方式对品牌信任的影响

分析所使用的原始数据见表6.5：

表6.5 人身伤害危机中声望、应对方式、品牌信任变量关系原始分析数据表

样本序号	声望	应对方式	信任	…
1	1	1	6	…
2	1	2	7	…
3	2	3	5	…
4	2	2	1	…
5	2	1	3	…
6	1	3	4	…
…	…	…	…	…

（数据说明：1表示声望高，2表示声望低；应对方式1为沉默，2为纠正措施，3为辩解。）

建立不同声望和应对方式对品牌信任影响的神经网络模型如图6.3：

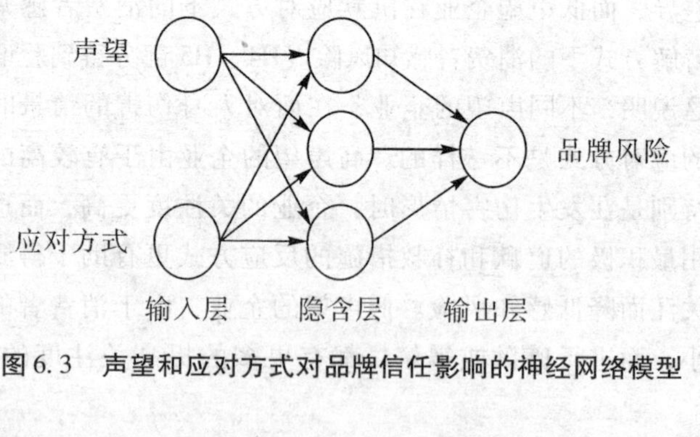

图6.3 声望和应对方式对品牌信任影响的神经网络模型

模拟预测结果如下：

p1 =声望和应对（第1行为声望，第2行为应对）

1	1	1	2	2	2
1	2	3	1	2	3

t1 =品牌信任

0. 606 1　0. 664 2　0. 624 2　0. 595 6　0. 589 3　0. 635 2

计算结果如表6. 6所示：

表6. 6　人身伤害危机中声望、应对方式、品牌信任之间变量关系

声望	高	高	高	低	低	低
应对	沉默	纠正措施	辩解	沉默	纠正措施	辩解
品牌信任	0. 606 1	0. 664 2	0. 624 2	0. 635 2	0. 589 3	0. 595 6

结果表明：在促销人身伤害的情形下，企业声望越高，消费者品牌信任度越高，H3得到验证。

在高声望的情形下，企业采取道歉和承担责任等纠正措施，品牌信任最高，而在低声望的情形下，企业采取沉默的应对方式，品牌信任最高，H6部分得到验证。

6. 2. 3　品牌信任对感知风险的影响

分析所使用的原始数据列表如表6. 7所示：

表6. 7　人身伤害危机中品牌信任、感知风险变量关系原始分析数据表

样本序号	品牌信任	感知门店风险	感知品牌风险	…
1	4	3	3	…
2	3	5	5	…
3	3	4	3	…

表6.7(续)

样本序号	品牌信任	感知门店风险	感知品牌风险	…
4	6	3	2	…
5	5	5	3	…
6	3	3	3	…
…	…	…	…	…

（数据说明：品牌信任的测量为1表示最不信任，7表示非常信任；感知门店风险、感知品牌风险的测量为1表示完全没有风险，7表示风险非常高。）

建立品牌信任对感知风险影响的神经网络模型，如图6.4所示：

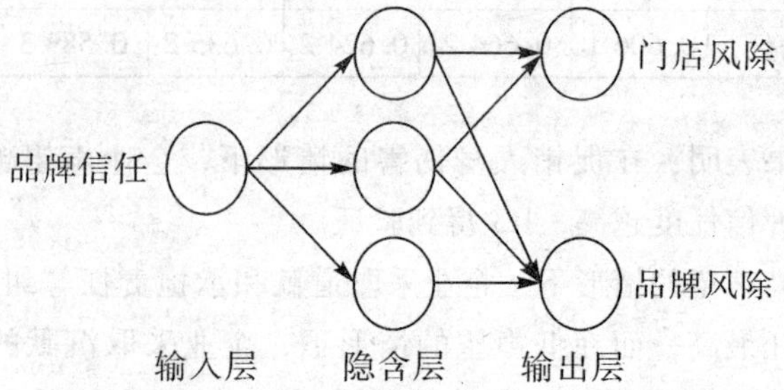

图6.4 品牌信任对感知风险影响的神经网络模型

模拟预测结果如下：

p1 = 品牌信任

1 2 3 4 5 6 7

t1 = 感知风险（第1行为感知门店风险，第2行为感知品牌风险）

0.743 3 0.657 6 0.589 7 0.593 8 0.518 8 0.495 7 0.445 6

0.654 8 0.628 7 0.575 6 0.588 3 0.517 5 0.398 6 0.387 2

计算结果见表6.8：

表 6.8　人身伤害危机中品牌信任、感知风险之间变量关系

信任	1	2	3	4	5	6	7
感知门店风险	0.743 3	0.657 6	0.589 7	0.593 8	0.518 8	0.495 7	0.445 6
感知品牌风险	0.654 8	0.628 7	0.575 6	0.588 3	0.517 5	0.398 6	0.387 2

由计算结果可知，品牌信任越高，感知门店风险越小，感知品牌风险越小，H7、H8 得到验证。

6.2.4　品牌信任对购买意愿的影响

分析所使用的原始数据列表如表 6.9：

表 6.9　人身伤害危机中品牌信任、购买意愿变量关系

原始分析数据表

样本序号	信任	门店意愿	企业意愿
1	6	5	3
2	7	1	3
3	5	5	4
4	1	1	2
5	3	4	3
6	4	6	6
…		…	…

建立品牌信任对顾客购买意愿的神经网络模型如图 6.5：

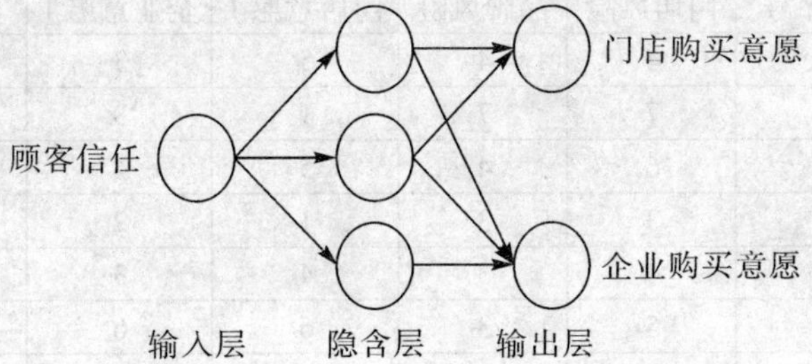

图 6.5　品牌信任对购买意愿影响的神经网络模型

模拟预测结果如下：

p1 = 品牌信任

1　　2　　3　　4　　5　　6　　7

t1 = 购买意愿（第 1 行为门店购买意愿，第 2 行为品牌购买意愿）

0.217 9　0.230 8　0.641 6　0.665 3　0.618 6　0.666 7　0.709 1

0.487 2　0.500 0　0.531 9　0.519 9　0.653 6　0.641 5　0.784 8

计算结果用表格表示如表 6.10 所示：

表 6.10　人身伤害危机中品牌信任、购买意愿之间变量关系

品牌信任	1	2	3	4	5	6	7
门店购买意愿	0.217 9	0.230 8	0.641 6	0.665 3	0.618 6	0.666 7	0.709 1
品牌购买意愿	0.487 2	0.500 0	0.531 9	0.519 9	0.653 6	0.641 5	0.784 8

结果表明：对于促销人身伤害危机，品牌信任越低，门店购买意愿和企业购买意愿越低；品牌信任越高，门店购买意愿和企业购买意愿越高。H9、H10 得到了验证。

6.2.5　感知风险对购买意愿的影响

分析所用原始数据如表 6.11 所示：

表 6.11　人身伤害危机中感知风险、购买意愿变量关系原始分析数据表

样本序号	门店风险	品牌风险	门店意愿 1	企业意愿 1	…
1	4	4	5	3	…
2	7	7	1	3	…
3	6	4	5	4	…
4	3	3	1	2	…
5	4	3	4	3	…
6	5	3	6	6	…
…	…	…	…	…	…

建立门店风险和品牌风险对顾客购买意愿的神经网络模型，如图 6.6 所示：

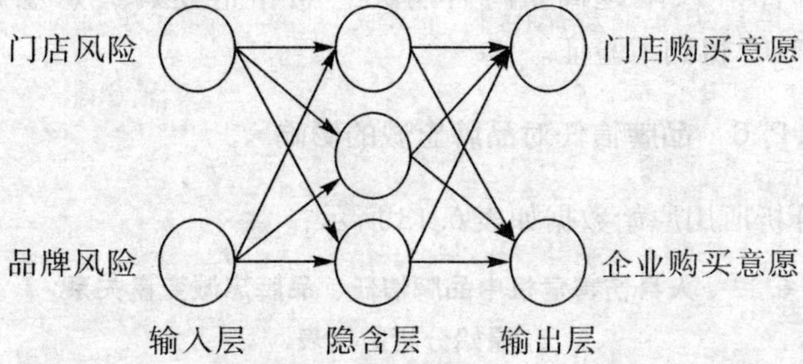

图 6.6　感知风险对购买意愿影响的神经网络模型

模拟预测结果如下：

p1 = 感知风险（第 1 行为感知门店风险，第 2 行为感知品牌风险）

1	2	3	4	5	6	7
1	2	3	4	5	6	7

t1 = 购买意愿（第 1 行为门店购买意愿，第 2 行为品牌购买意愿）

0.672 7	0.637 1	0.624 5	0.554 3	0.575 9	0.518 2	0.394 2
0.805 4	0.695 4	0.670 9	0.540 3	0.606 4	0.547 7	0.466 2

计算结果如表 6.12 所示：

表 6.12　人身伤害危机中感知风险、购买意愿之间变量关系

感知门店风险	1	2	3	4	5	6	7
感知品牌风险	1	2	3	4	5	6	7
门店购买意愿	0.672 7	0.637 1	0.624 5	0.554 3	0.575 9	0.518 2	0.394 2
品牌购买意愿	0.805 4	0.695 4	0.670 9	0.540 3	0.606 4	0.547 7	0.466 2

根据计算结果可以看出，对于促销人身伤害危机，感知门店和品牌风险越低，门店购买意愿和企业购买意愿越高；感知门店和品牌风险越高，门店购买意愿和企业购买意愿越低。H11、H12 得到了验证。

6.2.6　品牌信任对品牌忠诚的影响

分析所用原始数据如表 6.13 所示：

表 6.13　人身伤害危机中品牌信任、品牌忠诚变量关系原始分析数据表

样本序号	品牌信任	品牌忠诚	…
1	7	4	…
2	4	4	…
3	3	2	…
4	3	3	…
5	4	3	…
6	5	3	…
…	…	…	…

建立品牌信任对品牌忠诚的神经网络模型如图 6.7 所示：

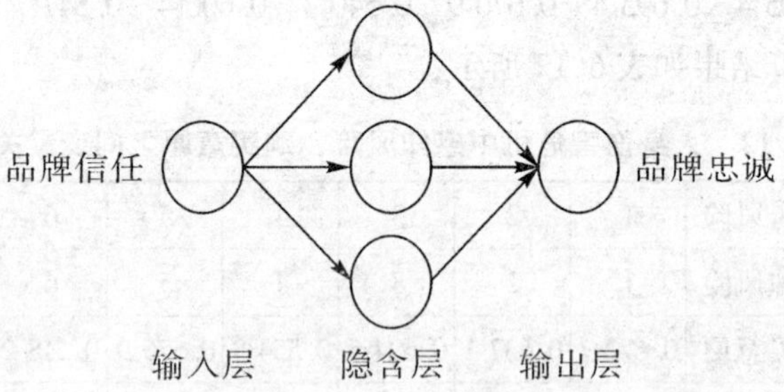

图 6.7　品牌信任对品牌忠诚影响的神经网络模型

模拟预测结果如下：

p1 =品牌信任

1　2　3　4　5　6　7

t1 =品牌忠诚

0.340 2　0.435 4　0.457 9　0.545 2　0.481 2　0.577 2　0.606 1

计算结果表示如表 6.14 所示：

表 6.14　人身伤害危机中品牌信任、品牌忠诚之间变量关系

品牌信任	1	2	3	4	5	6	7
品牌忠诚	0.340 2	0.435 4	0.457 9	0.545 2	0.481 2	0.577 2	0.606 1

由计算结果可知，品牌信任越高，品牌忠诚越高，H13 得到验证。

6.2.7　购买意愿对品牌忠诚的影响

分析所用原始数据如表 6.15 所示：

表 6.15　人身伤害危机中购买意愿、品牌忠诚变量关系原始分析数据表

样本序号	门店意愿 1	企业意愿 1	品牌忠诚	…
1	5	3	4	…
2	1	3	3	…
3	5	4	4	…
4	1	2	3	…
5	4	3	3	…
6	6	6	5	…
…	…	…		…

建立门店购买意愿和品牌购买意愿对品牌忠诚的神经网络模型如图 6.8 所示：

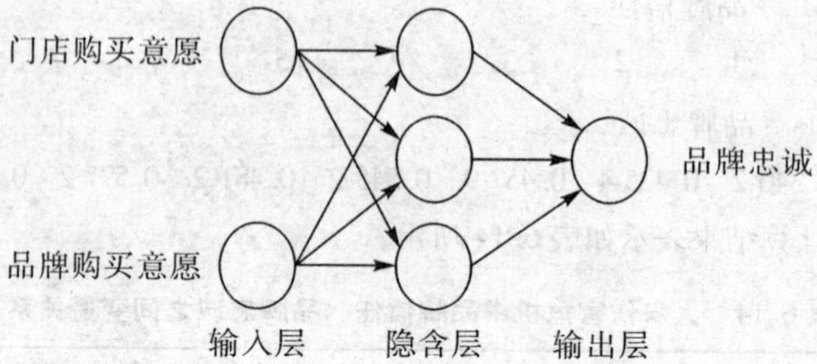

图 6.8　购买意愿对品牌忠诚影响的神经网络模型

模拟预测结果如下：

p1 = 购买意愿（第 1 行为门店购买意愿，第 2 行为品牌购买意愿）

1	2	3	4	5	6	7
1	2	3	4	5	6	7

t1 = 品牌忠诚

0. 337 5　0. 395 4　0. 523 8　0. 519 0　0. 553 4　0. 586 1　0. 612 3

计算结果表示如表 6. 16 所示：

表 6. 16　人身伤害危机中购买意愿、品牌忠诚之间变量关系

门店购买意愿	1	2	3	4	5	6	7
品牌购买意愿	1	2	3	4	5	6	7
品牌忠诚	0. 337 5	0. 395 4	0. 523 8	0. 519 0	0. 553 4	0. 586 1	0. 612 3

由计算结果可知，门店购买意愿和品牌购买意愿越高，品牌忠诚越高，H14、H15 得到验证。

6. 2. 8　不同声望和应对方式对顾客购买意愿的影响

分析用原始数据如表 6. 17 所示：

表 6.17 人身伤害危机中声望、应对方式、购买意愿变量关系原始分析数据

样本序号	声望	应对方式	门店意愿	企业意愿
1	1	1	5	3
2	1	2	1	3
3	2	3	5	4
4	2	2	1	2
5	2	1	4	3
6	1	3	6	6
…	…	…	…	…

（数据说明：声望 1 表示声望高，2 表示声望低；应对方式 1 为沉默，2 为纠正措施，3 为辩解。）

建立不同声望和应对方式对顾客购买意愿的神经网络模型如图 6.9 所示：

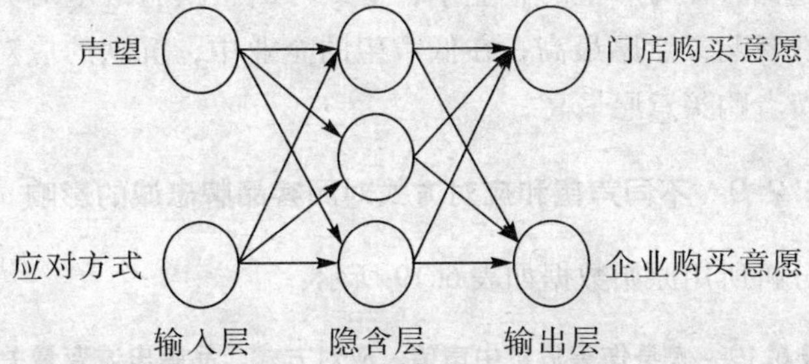

图 6.9 声望、应对方式对购买意愿影响的神经网络模型

模拟预测结果如下：

p1 = 声望和应对（第 1 行为声望，第 2 行为应对）

1	1	1	2	2	2
1	2	3	1	2	3

t1 =购买意愿（第 1 行为门店购买意愿，第 2 行为品牌购买意愿）

0. 545 5　0. 641 0　0. 608 2　0. 615 9　0. 591 6　0. 503 9

0. 573 2　0. 664 1　0. 619 9　0. 649 7　0. 622 8　0. 625 9

计算结果如表 6. 18 所示：

表 6. 18　人身伤害危机中声望、应对方式、购买意愿之间变量关系

声望	高	高	高	低	低	低
应对方式	沉默	纠正措施	辩解	沉默	纠正措施	辩解
门店购买意愿	0. 545 5	0. 641 0	0. 608 2	0. 615 9	0. 591 6	0. 503 9
品牌购买意愿	0. 573 2	0. 664 1	0. 619 9	0. 649 7	0. 622 8	0. 625 9

结果表明在促销人身伤害危机中：声望越高，门店购买意愿和企业购买意愿越高；声望越低，门店购买意愿和企业购买意愿越低。在高声望的企业中，道歉等纠正措施的应对方式下的消费者购买意愿最高；在低声望的企业中，沉默的应对方式下消费者购买意愿最高。

6. 2. 9　不同声望和应对方式对顾客品牌忠诚的影响

分析所用原始数据如表 6. 19 所示：

表 6. 19　人身伤害危机中声望、应对方式、品牌忠诚变量关系原始分析数据表

样本序号	声望	应对方式	品牌忠诚	…
1	1	1	5	…
2	1	2	1	…
3	2	3	5	…
4	2	2	1	…

表6.19(续)

样本序号	声望	应对方式	品牌忠诚	…
5	2	1	4	…
6	1	3	6	…
…	…	…	…	…

(数据说明：声望 1 表示声望高，2 表示声望低；应对方式 1 为沉默，2 为纠正措施，3 为辩解。)

建立不同声望和应对方式对顾客品牌忠诚的神经网络模型如图 6.10 所示：

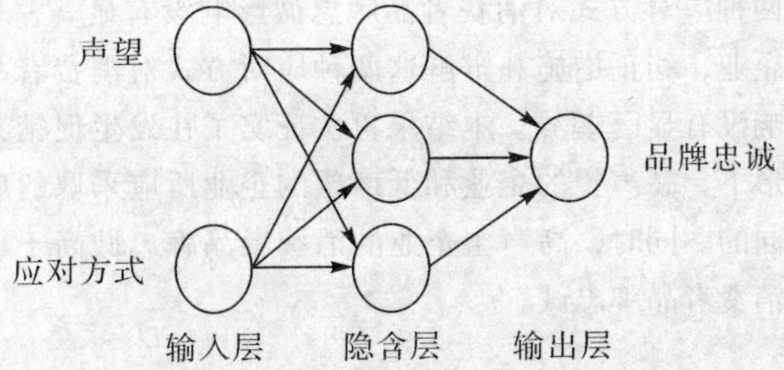

图 6.10 声望、应对方式对品牌忠诚影响的神经网络模型

模拟预测结果如下：

p1 = 声望和应对（第 1 行为声望，第 2 行为应对）

1	1	1	2	2	2
1	2	3	1	2	3

t1 = 品牌忠诚

0.437 5　0.593 4　0.423 8　0.479 0　0.290 7　0.331 4

计算结果如表 6.20 所示：

表 6.20　人身伤害危机中声望、应对方式、品牌忠诚之间变量关系

声望	高	高	高	低	低	低
应对	沉默	纠正措施	辩解	沉默	纠正措施	辩解
品牌忠诚	0.437 5	0.593 4	0.423 8	0.479 0	0.320 7	0.331 4

在高声望的企业发生促销人身伤害的情形下，企业采取纠正措施，消费者的品牌忠诚最高，而在低声望的企业，企业采取沉默的方式，消费者品牌忠诚最高；在高声望企业，沉默与辩解这两种应对方式对消费者品牌忠诚影响没有显著差异；在低声望企业，纠正措施和辩解这两种应对方式对消费者品牌忠诚的影响没有显著差异。本结果再次证实了在发生促销人身伤害的情形下，高声望的企业和低声望的企业所应采取的应对策略是不同的。同时，高声望企业的消费者品牌忠诚高于低声望企业的消费者品牌忠诚。

6.3　促销财务伤害危机情景下的数据分析

6.3.1　声望、应对方式对感知风险的影响

我们依据已有的促销财务伤害情形下的实验数据，建立初始的 BP 神经网络模型，对网络进行训练，利用训练好的网络预测不同声望、不同应对方式对顾客感知风险的影响。

建立不同声望和应对方式对感知风险影响的神经网络模型如图 6.1，并从中选取 363 个样本数据对建立的网络模型进行训练。

模拟预测结果如下：

p1 =声望和应对（第1行为声望，第2行为应对）

1	1	1	2	2	2
1	2	3	1	2	3

t1 =风险（第1行为门店风险，第2行为品牌风险）

0.707 6	0.627 8	0.723 1	0.765 6	0.705 1	0.733 3
0.589 7	0.566 7	0.675 4	0.660 3	0.544 3	0.664 1

计算结果如表6.21所示：

表6.21 财务伤害危机下声望、应对方式、感知风险之间变量关系

声望	高	高	高	低	低	低
应对	沉默	纠正措施	辩解	沉默	纠正措施	辩解
感知门店风险	0.707 6	0.627 8	0.723 1	0.765 6	0.705 1	0.733 3
感知品牌风险	0.589 7	0.566 7	0.655 4	0.660 3	0.544 3	0.664 1

结果表明，在促销财务伤害的情景下，企业危机前声望越高，消费者感知门店风险和感知品牌风险越小，H1、H2得到了验证。

在高声望和低声望的企业发生促销财务伤害的情景下，企业进行道歉、赔偿等纠正措施，消费者的感知风险最低。对于高声望的企业，沉默的应对方式优于辩解，而低声望的企业沉默和辩解两者对消费者感知风险的影响没有明显差异。H4、H5部分得到验证。

6.3.2 声望、应对方式对品牌信任的影响

建立不同声望和应对方式对品牌信任影响的神经网络模型如图6.3，模拟预测结果如下：

p1 =声望和应对（第 1 行为声望，第 2 行为应对）

1 1 1 2 2 2

1 2 3 1 2 3

t1 =品牌信任

0. 705 6 0. 894 7 0. 833 3 0. 755 2 0. 817 3 0. 689 7

计算结果如表 6. 22 所示：

表 6. 22 财务伤害危机下声望、应对方式、品牌信任之间变量关系

声望	高	高	高	低	低	低
应对	沉默	纠正措施	辩解	沉默	纠正措施	辩解
品牌信任	0. 705 6	0. 894 7	0. 833 3	0. 755 2	0. 817 3	0. 689 7

结果表明，在促销财务伤害的情景下，企业声望越高，消费者品牌信任越高，H3 得到验证。

在高声望和低声望的情景下，企业进行道歉和承担责任等纠正措施，品牌信任最高，H6 得到验证。

6. 3. 3 品牌信任对感知风险的影响

建立品牌信任对感知风险影响的神经网络模型如图 6. 4，模拟预测结果如下：

p1 =品牌信任

1 2 3 4 5 6 7

t1 =感知风险（第 1 行为感知门店风险，第 2 行为感知品牌风险）

0. 665 9 0. 585 3 0. 474 2 0. 504 5 0. 406 4 0. 398 3 0. 336 7

0. 584 0 0. 550 8 0. 476 5 0. 406 7 0. 517 5 0. 286 7 0. 300 5

计算结果如表 6. 23 所示：

表 6.23　财务伤害危机下品牌信任、感知风险之间变量关系

品牌信任	1	2	3	4	5	6	7
感知门店风险	0.665 9	0.585 3	0.474 2	0.504 5	0.406 4	0.398 3	0.336 7
感知品牌风险	0.584 0	0.550 8	0.476 5	0.406 7	0.517 5	0.286 7	0.300 5

由计算结果可知，品牌信任越高，感知门店风险越小、感知品牌风险越小，H7、H8 得到验证。

6.3.4　品牌信任对购买意愿的影响

建立顾客信任对顾客购买意愿的神经网络模型如图 6.5，模拟预测结果如下：

p1 ＝品牌信任

1　2　3　4　5　6　7

t1 ＝购买意愿（第 1 行为门店购买意愿，第 2 行为品牌购买意愿）

0.333 3　0.392 4　0.463 0　0.468 6　0.467 4　0.483 9　0.530 3

0.333 3　0.497 7　0.537 0　0.553 8　0.553 6　0.582 1　0.636 4

计算结果如表 6.24 所示：

表 6.24　财务伤害危机下品牌信任、购买意愿之间变量关系

品牌信任	1	2	3	4	5	6	7
门店购买意愿	0.333 3	0.392 4	0.463 0	0.468 6	0.467 4	0.483 9	0.530 3
品牌购买意愿	0.333 3	0.497 7	0.537 0	0.553 8	0.553 6	0.582 1	0.636 4

结果表明对于促销财务伤害危机，品牌信任越低，门店购买意愿和企业购买意愿越低；品牌信任越高，门店购买意愿和企业购买意愿越高。H9、H10 得到了验证。

6.3.5 感知风险对购买意愿的影响

使用门店风险和品牌风险对顾客购买意愿的神经网络模型如图6.6，模拟预测结果如下：

p1 =感知风险（第1行为感知门店风险，第2行为感知品牌风险）

1	2	3	4	5	6	7
1	2	3	4	5	6	7

t1 =购买意愿（第1行为门店购买意愿，第2行为品牌购买意愿）

0.638 9	0.756 1	0.599 1	0.618 1	0.466 9	0.418 5	0.265 3
0.645 3	0.810 8	0.601 9	0.654 4	0.514 8	0.487 8	0.316 1

计算结果如表6.25所示：

表6.25 财务伤害危机下感知风险、购买意愿之间变量关系

感知门店风险	1	2	3	4	5	6	7
感知品牌风险	1	2	3	4	5	6	7
门店购买意愿	0.638 9	0.756 1	0.599 1	0.618 1	0.466 9	0.418 5	0.265 3
品牌购买意愿	0.645 3	0.810 8	0.601 9	0.654 4	0.514 8	0.487 8	0.316 1

根据计算结果，可以看出对于促销财务伤害危机，感知门店和品牌风险越低，门店购买意愿和企业购买意愿越高；感知门店和品牌风险越高，门店购买意愿和企业购买意愿越低。H11、H12得到了验证。

6.3.6 品牌信任对品牌忠诚的影响

使用品牌信任对品牌忠诚的神经网络模型如图6.7，模拟预测结果如下：

p1 =品牌信任

1 2 3 4 5 6 7

t1 =品牌忠诚

0.436 2 0.475 6 0.476 9 0.587 5 0.581 2 0.645 2 0.680 9

计算结果如表6.26所示:

表6.26 财务伤害危机下品牌信任、品牌忠诚之间变量关系

品牌信任	1	2	3	4	5	6	7
品牌忠诚	0.436 2	0.475 6	0.476 9	0.587 5	0.581 2	0.645 2	0.680 9

由计算结果可知，品牌信任越高，品牌忠诚越高，H13得到验证。

6.3.7 购买意愿对品牌忠诚的影响

使用门店购买意愿和品牌购买意愿对品牌忠诚的神经网络模型如图6.8，模拟预测结果如下：

p1 =购买意愿（第1行为门店购买意愿，第2行为品牌购买意愿）

1 2 3 4 5 6 7

1 2 3 4 5 6 7

t1 =品牌忠诚

0.522 3 0.495 4 0.554 5 0.589 0 0.647 8 0.608 9 0.693 3

计算结果如表6.27所示:

表6.27 财务伤害危机下购买意愿、品牌忠诚之间变量关系

门店购买意愿	1	2	3	4	5	6	7
品牌购买意愿	1	2	3	4	5	6	7
品牌忠诚	0.522 3	0.495 4	0.554 5	0.589 0	0.647 8	0.608 9	0.693 3

由计算结果可知，对于促销财务伤害危机，门店购买意愿和品牌购买意愿越高，品牌忠诚越高，H14、H15 得到验证。

6.3.8 不同声望和应对方式对顾客购买意愿的影响

使用不同声望和应对方式对购买意愿的神经网络模型如图 6.9，模拟预测结果如下：

p1 = 声望和应对（第 1 行为声望，第 2 行为应对）

1	1	1	2	2	2
1	2	3	1	2	3

t1 = 购买意愿（第 1 行为门店购买意愿，第 2 行为品牌购买意愿）

0.437 2	0.499 5	0.458 5	0.407 1	0.528 2	0.317 7
0.532 2	0.578 7	0.540 6	0.484 0	0.625 6	0.458 3

计算结果如表 6.28 所示：

表 6.28 财务伤害危机下声望、应对方式、购买意愿之间变量关系

声望	高	高	高	低	低	低
应对方式	沉默	纠正措施	辩解	沉默	纠正措施	辩解
门店购买意愿	0.437 2	0.499 5	0.458 5	0.407 1	0.528 2	0.317 7
品牌购买意愿	0.532 2	0.578 7	0.540 6	0.484 0	0.625 6	0.458 3

结果表明：对于财务伤害，声望越高，门店购买意愿和企业购买意愿越高；声望越低，门店购买意愿和企业购买意愿越低。高声望的企业和低声望的企业在纠正措施的应对方式下购买意愿最高，然而对于高声望的企业，辩解与沉默两种应对方式对购买意愿的影响没有显著差异；而对于低声望的企业，沉默优于辩解。

6.3.9 不同声望和应对方式对顾客品牌忠诚的影响

使用不同声望和应对方式对顾客品牌忠诚的神经网络模型如图 6.10，模拟预测结果如下：

p1 = 声望和应对（第 1 行为声望，第 2 行为应对）

1	1	1	2	2	2
1	2	3	1	2	3

t1 = 品牌忠诚

0.447 2　0.528 2　0.438 5　0.407 1　0.479 5　0.317 7

计算结果如表 6.29 所示：

表 6.29　财务伤害危机下声望、应对方式、品牌忠诚之间变量关系

声望	高	高	高	低	低	低
应对	沉默	纠正措施	辩解	沉默	纠正措施	辩解
品牌忠诚	0.447 2	0.528 2	0.438 5	0.407 1	0.479 5	0.317 7

在高声望和低声望的企业发生促销财务伤害的情景下，企业进行道歉等纠正措施，消费者的品牌忠诚最高。高声望的企业沉默的应对方式与辩解的应对方式对品牌忠诚的影响没有显著差异，而低声望的企业沉默的应对方式优于辩解的应对方式。

6.4 性别、年龄的调节作用检验

6.4.1 性别的调节作用检验

使用不同应对方式和消费者性别对品牌忠诚的神经网络模型如图 6.11。

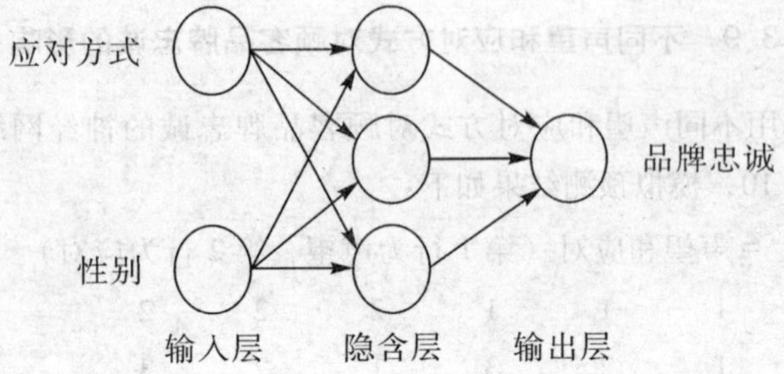

图 6.11　应对方式、性别对品牌忠诚的调节

模拟预测结果如下：

p1 =性别和应对（第 1 行为性别，第 2 行为应对）

1	1	1	2	2	2
1	2	3	1	2	3

t1 =品牌忠诚

0. 428 6　0. 492 1　0. 443 3　0. 397 8　0. 445 3　0. 365 4

计算结果如表 6. 30 所示：

表 6. 30　性别、应对方式、品牌忠诚变量关系

性别	男	男	男	女	女	女
应对	沉默	纠正措施	辩解	沉默	纠正措施	辩解
品牌忠诚	0. 428 6	0. 492 1	0. 443 3	0. 397 8	0. 445 3	0. 365 4

总体上，在发生促销伤害危机下，男性的品牌忠诚高于女性。在不同的企业应对方式上，首先，男性和女性在企业道歉等纠正措施的应对下品牌忠诚最高；其次，男性在企业辩解情形下的品牌忠诚高于企业沉默情形下的品牌忠诚，女性在企业沉默情形下的品牌忠诚高于辩解情形下的品牌忠诚。

6.4.2 年龄的调节作用检验

使用不同应对方式和消费者年龄对品牌忠诚的神经网络模型如图 6.12。

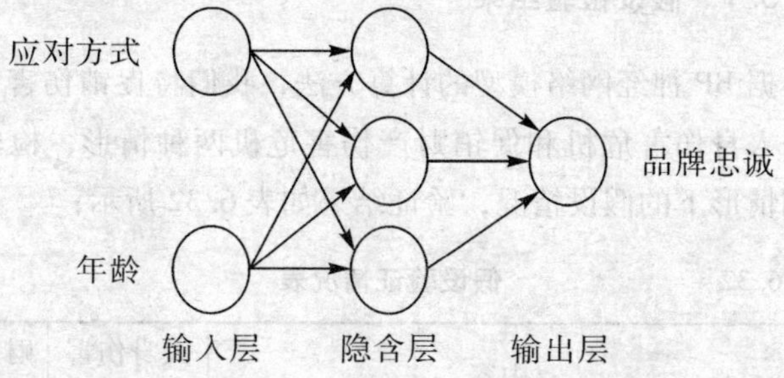

图 6.12 年龄、应对方式对品牌忠诚的调节

模拟预测结果如下：

p1 = 年龄和应对（第 1 行为年龄，第 2 行为应对）

1	1	1	2	2	2
1	2	3	1	2	3

t1 = 品牌忠诚

0.402 1　0.410 1　0.398 7　0.398 7　0.405 3　0.407 4

计算结果如表 6.31 所示：

表 6.31 年龄、应对方式、品牌忠诚变量关系

年龄	45 以下	45 以上	45 以下	45 以上	45 以上	45 以上
应对	沉默	纠正措施	辩解	沉默	纠正措施	辩解
品牌忠诚	0.402 1	0.410 1	0.398 7	0.398 7	0.405 3	0.407 4

不同年龄段的消费者，品牌忠诚没有明显差别，不同应对方式下的消费者，品牌忠诚没有明显差别。

6.5 数据分析总结

6.5.1 假设检验结果

根据 BP 神经网络模型的计算方法，我们将促销伤害危机分为促销人身伤害危机和促销财产伤害危机两种情形，检验了两种不同情形下的假设情况，验证结果如表 6.32 所示：

表 6.32　　　　　　假设验证情况表

假设	内容	人身伤害检验结果	财产伤害检验结果
H1	连锁超市声望越高，消费者对事件门店的感知风险越小	得到验证	得到验证
H2	连锁超市声望越高，消费者对连锁企业其他门店感知风险越小	得到验证	得到验证
H3	连锁超市声望越高，在危机后消费者对零售商的品牌信任越高	得到验证	得到验证
H4	应对方式越积极，消费者对事件门店的感知风险越小	部分验证	部分验证
H5	应对方式越积极，消费者对连锁企业其他门店的感知风险越小	部分验证	部分验证
H6	应对方式越积极，消费者对连锁企业的品牌信任越高	部分验证	部分验证
H7	品牌信任越高，消费者对事件门店的感知风险越小	得到验证	得到验证
H8	品牌信任越高，消费者对连锁企业其他门店的感知风险越小	得到验证	得到验证
H9	品牌信任越高，消费者对事件门店的购买意愿越高	得到验证	得到验证

表6.32(续)

假设	内容	人身伤害检验结果	财产伤害检验结果
H10	品牌信任越高，消费者对连锁企业其他门店的购买意愿越高	得到验证	得到验证
H11	感知门店风险越低，到事件门店的购买意愿越高	得到验证	得到验证
H12	感知品牌风险越低，到连锁企业其他门店的购买意愿越高	得到验证	得到验证
H13	品牌信任越高，消费者的品牌忠诚越高	得到验证	得到验证
H14	到事件门店的购买意愿越高，消费者的品牌忠诚越高	得到验证	得到验证
H15	到连锁企业其他门店的购买意愿越高，消费者的品牌忠诚越高	得到验证	得到验证
H16	性别对应对方式对品牌忠诚的影响具有调节作用	部分验证	部分验证
H17	年龄对应对方式对品牌忠诚的影响具有调节作用	未得验证	未得验证

6.5.2 促销人身伤害危机情形下的检验结果

表6.33 促销人身伤害危机情形下的假设验证情况表

连锁超市声望	高			低		
应对方式	沉默	辩解	纠正措施	沉默	辩解	纠正措施
感知风险	高	中	低	低	中	高
品牌信任	低	中	高	高	中	低
购买意愿	低	中	高	高	中	低
品牌忠诚	低	中	高	高	中	低

（1）高声望的连锁超市，选择道歉更能降低消费者感知风险，提高消费者购买意愿和品牌忠诚；低声望的企业，选择沉默更能降低消费者感知风险，提高消费者购买意愿和品牌忠诚。

（2）高声望的连锁超市，辩解比沉默好，而低声望的企业，纠正措施的作用比辩解更差。这是由于低声望的企业进行道歉会使消费者认为是虚伪的，故意博得同情的（Dwar，2000），而进行辩解反而有助于消费者认清事实，对企业进行理性的认识。

6.5.3　促销财务伤害危机情形下的检验结果

表 6.34　促销财务伤害危机情形下的假设验证情况表

连锁超市声望	高			低		
应对方式	沉默	辩解	纠正措施	沉默	辩解	纠正措施
感知风险	中	高	低	中	高	低
品牌信任	中	低	高	中	低	高
购买意愿	中	低	高	中	低	高
品牌忠诚	中	低	高	中	低	高

（1）道歉等纠正措施是最好的策略：不论是高声望的企业还是低声望的企业，进行道歉是最好的降低感知风险的办法。

（2）辩解导致消费者的负面认知：任何企业的辩解都只能导致最高的感知风险。这是由于消费者会更多地将财务伤害归因于企业本身的主观行为，因而只有道歉才能使消费者认为企业可能停止引起伤害的行为，从而降低其感知风险。

6.5.4　企业声望对危机后消费者感知风险的影响得到证实

根据实证分析结果，我们发现，危机前不同声望的企业在发生促销伤害危机时，消费者的感知风险和品牌信任有显著差别，与低声望的企业相比，高声望的企业在发生促销伤害危机时，消费者感知风险较低，而消费者品牌信任较高，感知风险和品牌信任进而影响了消费者的购买意愿和品牌忠诚。同时，声望还会影响消费者对于危机后企业应对的反应。

6.5.5 性别对应对方式的影响得到部分证实

根据实证分析结果，我们发现：

（1）总体上，在发生促销伤害危机下，男性的品牌忠诚高于女性。

（2）在不同的企业应对方式上，首先，男性和女性在企业采取纠正措施的应对下品牌忠诚最高；其次，男性在企业辩解情形下的品牌忠诚高于企业沉默情形下的品牌忠诚，女性在企业沉默情形下的品牌忠诚高于辩解情形下的品牌忠诚。

6.5.6 年龄对应对方式的影响没有调节作用

根据实证分析结果，我们发现，不同年龄段的消费者在各应对方式下的品牌忠诚没有显著差别。

7 研究结论与研究局限

本章对研究进行归纳和总结，旨在阐明本研究的结论、学术价值、实践意义、对连锁零售商的启示以及本研究存在的不足及以后继续深入研究的方向。

7.1 本研究的主要研究结论

7.1.1 研究结论一：在促销人身伤害危机情形下，不同声望的企业应采取不同的应对方式

危机前不同声望的企业在发生促销人身伤害危机时，其应对方式对于消费者感知风险、品牌信任、品牌忠诚的影响是有差别的。高声望的企业采取纠正措施进行危机应对，消费者感知风险最低，品牌信任最高，品牌忠诚也最高；而低声望的企业在促销人身伤害的情景下采取沉默的应对方式，其消费者感知风险最低，品牌信任最高，品牌忠诚也最高。这在一定程度上印证了 Murray 和 Shohen（1992）的研究，即低声望的公司进行任何应对都有可能会被消费者认为是公司为了推卸责任而进行的误导，因而会引起消费者更多的负面反应。

同时，消费者对不同声望企业采取辩解和沉默的应对方式反应也有不同。对于高声望的企业来说，进行辩解能够在一定

程度上得到消费者的正面认可，沉默是最差的应对方式；而对于低声望的企业来说，采取辩解方式不仅不能得到消费者的认可，反而容易激起消费者的反感。

7.1.2 研究结论二：在促销财务伤害危机情形下，只有纠正措施是最好的应对

在促销财务伤害危机的情形下，由于消费者把促销伤害更多地归因于企业，认为是由于企业管理不善甚至有可能是企业主观故意误导消费者而造成了伤害，因此，只有企业进行道歉并作出赔偿，才能使消费者的感知风险降低，购买意愿和品牌忠诚提高。这印证了 Laufer（2003）对于产品伤害危机的研究，当消费者认为企业应该为伤害负责时，只有消费者认为企业受到了惩罚，才会缓解消费者的认知冲突。

同样基于消费者把促销财务伤害危机归因于企业的理由，消费者认为不论是声望高的企业或是声望低的企业，进行辩解都是为了推卸责任，因而会对企业有更加负面的认知。

7.1.3 研究结论三：企业声望对危机后消费者感知风险有显著影响

本研究证实，不论是促销财务伤害危机还是促销人身伤害危机，连锁超市声望的高低会影响危机后消费者的感知风险和品牌信任，并进而影响消费者的购买意愿和品牌忠诚，声望高的零售商相对于声望低的零售商在危机后消费者的感知风险较低，而品牌信任较高。这说明，高的企业声望有助于企业在发生促销伤害危机时得到利益，降低消费者的负面感知，使消费者品牌忠诚和购买意愿下降少于低声望企业。

在产品伤害危机的研究中，Siomkos 和 Kurzbard（1994）的实证研究表明，消费者对高声望企业的产品缺陷感知危险要小

于对低声望企业，公司声望越高，那么消费者今后对该公司其他产品的购买意愿受到影响越小，如果公司的声望较低，情况就会相反；而在企业负面公众信息的研究中，Dwane Hal Dean（2004）的研究却表明，当好声望的企业需要对一个悲剧性事件负责时，那么消费者会大幅度降低对其的评价，即使目标公司采取了适当的回应。

本研究的结果表明，促销伤害危机发生后消费者的反应与产品伤害危机类似，声望高的企业处于更加有利的地位，这一研究结论和现实中人们的反应也是基本一致的，例如在2010年出现的家乐福、沃尔玛价格欺诈危机中，《成都晚报》对消费者进行调查，很多消费者认为：家乐福、沃尔玛这些全世界知名的大型连锁超市不会为了蝇头小利故意而为；它们都出现这种问题，其他知名度不高的超市一定也有；还是会去这些超市购物，但是会更关注标价签。

7.1.4 研究结论四：性别对危机后企业应对的反应有一定差别

由于女性的感知易受伤害性大于男性，因而不论在财务伤害还是人身伤害的情景下，女性的感知风险都高于男性。

男性和女性对于企业应对的反应有一定差别。两者都对于企业纠正措施这种应对方式的反应最好，品牌忠诚最高。然而，男性和女性对于企业辩解和沉默的应对方式反应则有所不同，男性对于企业辩解的品牌忠诚高于沉默应对的品牌忠诚，女性则相反，对于沉默应对下的品牌忠诚更高。

7.1.5 研究结论五：年龄对危机后企业应对的反应没有差别

研究表明，不同年龄段的消费者，对于促销伤害危机后的企业应对的反应没有显著差别。

7.2 本研究的学术价值和实践启示

7.2.1 学术价值

从理论意义上来看，本研究对促销伤害危机理论的深入探讨不仅丰富了营销安全理论研究的内容，推进了促销伤害危机的研究，而且为解释现实中的一些现象提供了理论支撑。

营销安全研究已经成为中国营销的八大特色研究之一，营销安全的研究主要涵盖隐患、威胁、危机、失败、重生五方面内容，本研究属于营销危机研究的内容。在对营销危机的研究中，产品伤害危机的研究成果相对较多且系统，但是在不当促销导致危机越来越多的今天，现有在促销伤害危机领域的研究主要集中于虚假促销（田玲，卢长宝）和虚拟参考价格促销两种伤害情形，研究成果很少且不系统，对这一危机领域深入研究显得迫切而必要。

本研究从促销伤害危机发生后需要修复与消费者的关系这一现实问题出发，在梳理相关研究文献的基础上，结合大量的案例分析，对促销伤害危机进行了概念界定、类别划分和应对方式的归纳和总结，并实证检验了企业声望、应对方式的不同对消费者行为认知的影响，这是对现有营销安全理论的完善和补充。

对现有营销安全理论的完善主要体现在以下几个方面：

（1）首次完整提出了促销伤害危机的概念并对危机进行了分类。

对以往虚假促销、虚高参考价格促销及相关文献梳理的基础上，通过对现实案例的详细研究，首次完整给出了促销伤害危机的概念，并结合促销的分类及促销伤害危机造成消费者伤害的客观性标准，对促销伤害危机进行了分类。针对研究重点——零售商促销伤害危机又进行了深入研究，将其分为零售商人身促销伤害危机和零售商财务促销伤害危机，并对两类促销伤害危机发生后企业的应对方式进行了归纳、分类和比较，这极大地完善和丰富了促销伤害危机研究的内容。

（2）构建了促销伤害危机对消费者行为认知影响的概念模型。

本研究通过心理学、生理学和市场营销等领域的文献研究和对现实案例的观察，找到了在促销伤害危机中可能会影响顾客购买意愿和品牌忠诚的两大类自变量——企业声望和应对方式，和两个中间变量——消费者感知风险和品牌信任，并依据这些变量构建了本研究的概念模型。

（3）实证了促销伤害危机对消费者行为认知的影响情况。

本研究通过 BP 神经网络算法验证了不同连锁超市声望和应对方式对消费者感知风险、顾客购买意愿、品牌信任和品牌忠诚的影响情况，这些研究为弄清促销伤害危机发生后消费者心理和行为的变化以及企业恰当的应对方式选择提供了一个理论框架。

7.2.2 实践启示

实证研究结果显示，促销伤害危机发生后，消费者的品牌信任下降、感知风险增加，并进而使得购买意愿和品牌忠诚下降，此时，企业在遵守国家法律法规认真处理伤害危机的同时，如何取得消费者的理解、修复与消费者之间的关系变得非常重要。实证研究及案例整理分析的结论给了我们如下实践启示：

（1）以更加审慎的态度对待促销

在连锁超市面临激烈竞争而消费者品牌忠诚度不高的今天，企业将更多竞争获利的希望寄托在了促销上，总是试图通过“超低价”招徕顾客，增加销售收入，但是在这一过程中，企业管理疏忽或主观故意可能造成促销伤害危机的发生。

本研究实证的结果向我们证实了促销伤害危机的负面影响绝不仅仅局限于事件门店本身，而是会影响到整个连锁企业，导致消费者对连锁企业的感知风险增加，品牌信任、品牌忠诚降低。这一研究结论提醒企业，促销伤害危机对企业的负面影响面大而深远，企业应该加强内部促销管理，采取合理的促销组合策略培养顾客的品牌忠诚，以更加审慎的态度对待促销。

（2）更科学的选择危机后的企业应对策略

在产品伤害危机中，一般研究者认为，企业应对越积极，消费者的反应越好。但是研究表明，在促销伤害危机领域，消费者对于企业危机应对的反应与产品伤害危机领域不同，并不是积极的应对就是好的应对。

在促销伤害危机中，应对方式的选择既要考虑危机情形，也要考虑企业声望。在人身伤害危机情形下，高声望企业的最佳应对方式是纠正措施，最差应对方式是沉默，低声望企业的最佳应对方式是沉默，而最差应对方式是道歉；在财务伤害危机情形下，无论企业声望高低，纠正措施都是最好的应对方式，而辩解都是最差的应对方式。

2011 年 1 月家乐福促销财务伤害危机发生后，家乐福也采取了“道歉”的应对方式，但是危机似乎越来越厉害，回顾家乐福道歉的主要思想：“家乐福对广大消费者表示道歉，由于商品品类多，价签更换不及时导致了这一问题”，我们发现，家乐福的道歉实际上并不是道歉，而是辩解，消费者认为家乐福推卸责任，因而危机越演越烈，这也恰恰证明了本研究实证的内容：在财务伤害危机中，辩解是最差的应对方式。

从上述案例中我们看到，在应对方式选择恰当的前提下，回应内容的确定和回应时机的把握也是非常重要的，真诚回应和迅速回应是纠正措施和辩解应对下的重要原则。

（3）更加重视危机前的防范与管理

无论从近年来促销伤害危机涉及的企业数量还是发生频率看，危机的系统应对都是一个不能忽视的问题。系统应对是指企业不仅看重危机发生后的应对方式，更应该重视危机发生前的防范。

从本研究第一章的论述中我们看到，家乐福在2011年被国家发展与改革委员会处罚前，其实已经发生了影响程度不一的数起促销伤害危机，其销售收入和市场份额受到不同程度的损失，这说明企业内部管理上存在较大问题，应该及时防范。应该说，家乐福作为一家世界知名的跨国公司，具备雄厚的管理实力、营销实力和公关实力，在它身上频繁发生的促销伤害危机是其重视不够，对危机危害性认识不足的表现，因为认识不够，所以缺乏早期的防范与管理。

因此，如果企业要想避免类似的危机发生，最有效的方法是建立起危机的防范和管理体系，在危机发生前，防止危机的发生；在危机发生后，迅速采取恰当的应对方式，将企业的损失降到最小，尽快修复与消费者的关系。

7.3 研究局限及今后的努力方向

本研究以连锁超市促销踩踏和虚拟原价促销两类危机作为刺激物，运用实验法获得了实证数据，检验了人身伤害危机和财务伤害两类促销伤害危机后消费者感知风险、品牌信任、购买意愿和品牌忠诚的变动情况。虽然本研究得出的结论明确了对促销伤害危机后顾客购买行为的认识，为企业恰当应对，以尽快修复与消费者之间的关系提供了有益的启示，但是本研究仍然存在一些局限。

首先，本研究在促销财务伤害危机中只选取了出现最频繁的虚拟原价促销伤害为测试场景，研究的普适性有待使用其他伤害场景加以验证。促销财务伤害危机的产生有很多种情形，除了虚拟原价促销外，虚假宣传、残次品促销等也会产生伤害危机，这些伤害发生后消费者的行为认知与虚拟原价促销危机是否相同，本研究还没有涉及。

其次，本研究的十二个实验均在成都地区完成，地域代表性不够全面。从以往的研究中已发现，持有不同社会价值观的顾客很可能会对同一个危机产生不同程度的感知风险。因此，研究结论在其他社会价值观体系下的普适性还有待考证。

最后，本研究的自变量只选取了声望、应对方式，但实际上其他因素还可能影响危机后消费者的行为认知，例如：危机对消费者的伤害程度，危机产生的原因……这些因素也可能影响消费者的行为认知，它们对消费者行为和认知有什么样的影响，本研究还不能回答。

促销伤害危机是一个理论与实践紧密结合的课题，该领域的研究才刚刚起步，对于该领域的不断深入是营销管理在不断变化的市场环境中发展的需要，本研究的局限也是促销伤害危机进一步研究的努力方向。

参考文献

中文文献

[1] 陈莉莉，陈信康. e－S Q 的消费者信任模型研究 [J]. 生产力研究，2009 (1)：92－93.

[2] 王新宇，余明阳. 基于消费者信任行为的品牌危机动态演化机制研究 [J]. 现代管理科学，2010 (6).

[3] 韩辉，刘晓文. 信任、感知风险与网络购物意愿的关系研究 [J]. 经济论坛，2009 (16).

[4] 刘华. 连锁超市顾客保留策略分析 [J]. 企业活力，2010 (10).

[5] 文千锤. 中国零售市场品牌忠诚度现状与成因研究——我国大型连锁超市品牌忠诚度提升策略研究 [J]. 企业技术开发，2009 (7).

[6] 李想，余敬. 中国连锁超市行业的SCP模式分析 [J]. 中国软科学，2003 (12).

[7] 吴清. 中小型连锁超市的现状与竞争对策. 上海管理科学，2004 (1).

[8] 纪雯. 中国连锁超市发展现状及其对策. 经济与管理，2006 (10).

[9] 中国统计年鉴－2007 [EB/OL]. 国家统计局网站. http：//www. stats. gov. cn.

[10] 2008 年中国零售业分析及投资咨询报告 [EBPOL]. 中国投资咨询网 http://www.ocn.com.cn.

[11] 姚晓霞. 我国零售业发展现状及路径. 技术经济与管理研究, 2007 (2).

[12] 赵冬梅, 纪淑娴. 信任和感知风险对消费者网络购买意愿的实证研究. 数理统计与管理, 2010 (3).

[13] 菲利普·科特勒. 营销管理 [M], 台湾: 东华书局, 1999: 682, 744

[14] 郭国庆. 市场营销学通论, 北京: 中国人民大学出版社, 2000: 324.

[15] 张太海, 程媛婧. 消费者感知风险理研究综述论 [J]. 市场营销导刊, 2008 (4).

[16] 于志涛, 刘芬. 对商业零售企业促销引发安全事故的思考 [J]. 重庆教育学院学报, 2008 (3).

[17] 王晓玉, 吴纪元, 晁钢令. 产品伤害危机及其处理过程对消费者考虑集的影响——基于中国消费者的实证分析, 中国营销科学学术会议论文集, 2005: 230-241.

[18] 王志良. 谈企业危机处理任务及实施 [J]. 商业时代, 2007 (8).

[19] 晁钢令, 王志良. 企业危机处理策略、传递方式与评价问题研究 [J]. 市场营销导刊, 2006 (4).

[20] 田玲. 大型超市虚假促销对消费情感与购买意愿的影响研究 [D]. 成都: 四川大学, 2007.

[21] 卢长宝. 虚假促销对消费者认知及行为的影响 [J]. 湘潭: 湘潭师范学院学报 (社会科学版), 2005 (4).

[22] 方正. 可辩解型产品伤害危机对顾客购买意愿的影响研究 [D]. 成都: 四川大学, 2007.

[23] 于春玲, 郑晓明, 孙燕军, 赵平. 品牌信任结构维度

的探索性研究［J］. 南开管理评论，2004（2）.

［24］霍映宝，韩之俊. 一个品牌信任模型的开发与验证［J］. 经济管理，2004（9）.

［25］金玉芳. 消费者品牌信任研究［D］. 大连理工大学博士论文，2005.

［26］袁登华，罗嗣明，李游. 品牌信任结构及其测量研究［J］. 心理学探新，2007（3）.

［27］张珍. 品牌信任对消费者品牌选择的影响研究［D］. 江西：江西师范大学，2008.

［28］马明峰，陈春花. 品牌信任、品牌可信度与品牌忠诚关系的实证研究［J］. 经济管理，2006（11）.

［29］柴俊武. 品牌信任对品牌态度、契合感知与延伸评价关系的影响［J］. 管理学报，2007（4）.

［30］袁登华. 品牌信任研究脉络与展望［J］. 心理科学，2007（2）.

［31］龚振，莫露樨，王琪. 品牌信任影响因素的三维度框架研究［J］. 商业时代，2007（32）.

［32］贺爱忠，郑帅，李钰. 公益营销对消费者品牌信任及购买意愿的影响［J］. 北京工商大学学报（社会科学版），2009（3）.

［33］罗雪梅. 浅析消费者品牌信任［J］. 沿海企业与科技，2008（12）.

［34］马克态. 品牌信任——品牌管理的基石［J］. 中华商标，2010（4）.

［35］王文松. 消费者品牌信任及其营销对策［J］. 河南科技大学学报（社会科学版），2007（3）.

［36］李游. 用心理学概念诠释消费者品牌信任的形成［J］. 湖南财经高等专科学校学报，2008（1）.

[37] 贺爱忠，李钰. 论品牌关系生命周期中消费者品牌信任与心理契约的建立 [J]. 商业研究，2008 (11).

[38] 金玉芳，董大海. 中国消费者品牌信任内涵及其量表开发研究 [J]. 预测，2010 (5).

[39] 吕倩，杨培文. 基于品牌信任机制的购买行为分析 [J]. 技术与市场，2007 (7).

[40] 孙菊娥. 服务业品牌经验与品牌信任的相关研究 [D]. 江西师范大学，2008.

[41] 张正超，曹敏，刘芬. "80后" 消费者品牌信任和品牌倾向的实证研究 [J]. 全国商情（经济理论研究），2008 (11).

[42] 于伟，倪慧君. 基于顾客认知的物流企业品牌信任形成机制研究 [J]. 现代管理科学，2009 (11).

[43] 李钰. 商店形象对自有品牌信任及购买意愿影响的实证研究 [D]. 湖南大学，2008.

[44] 崔鑫生. 论企业品牌危机的成因及对策 [J]. 内蒙古统计，2005 (5).

[45] 马克态. 品牌危机的处理 [J]. 商场现代化，2007 (4).

[46] 孟华兴，黄荣. 基于信任恢复的品牌危机处理策略 [J]. 产业与科技论坛，2007 (8).

[47] 陈湘青. 浅议品牌危机的特征与管理 [J]. 江苏商论，2004 (7).

[48] 沈云林. 论近因效应与品牌危机的应对 [J]. 长沙大学学报，2005 (6).

[49] 李安云. 品牌危机的成因、防范及处理模式探讨 [J]. 商场现代化，2009 (2).

[50] 张丽莲. 企业品牌危机及其防范策略 [J]. 中外企业

家，2009（10）.

[51] 周智敏. 品牌危机预警机制的建立 [J]. 企业改革与管理，2010（10）.

[52] 李兴国. 从“感受”的视角解析品牌危机 [J]. 国际新闻界，2006（3）.

[53] 孙文. 品牌危机公关 [J]. 经理人，2003（1）.

[54] 柳锦铭. 基于利益相关者的品牌危机管理研究 [D]. 天津大学，2007.

[55] 韦晓菡. 浅析品牌危机的成因与类型 [J]. 经济与社会发展，2007（5）.

[56] 韦晓菡. 浅论品牌危机管理的对策 [J]. 经济与社会发展，2007（6）.

[57] 吴子敬. 品牌危机管理：态度决定一切 [J]. 中国品牌，2007（3）.

[58] 杨音. 如何化解品牌危机并在其中进行机会营销 [J]. 学理论，2005（21）.

[59] 王靓. 品牌危机处理原则及其启示 [J]. 商业时代，2007（18）.

[60] 李君. 品牌危机管理研究 [J]. 中小企业管理与科技（上旬刊），2010，（2）.

[61] 刘怀宇，韩福荣. 品牌危机公关策略分析 [J]. 商场现代化，2005（22）.

[62] 江富强. 安内抚外——企业应慎重应对品牌危机 [J]. 中国品牌，2007（3）.

[63] 程劲芝. 论品牌危机的管理 [J]. 广西轻工业，2004（6）.

[64] 吴狄亚，卢冰. 企业品牌危机防范 [J]. 经营管理者，2002（2）.

[65] 周娜. 雀巢奶粉事件的启示：品牌危机如何管理 [J]. 现代企业教育, 2005 (8).

[66] 王梅. 突发性品牌危机的防范与处理 [J]. 商场现代化, 2006 (26).

[67] 谢佩洪，周祖城. 中国背景下 CSR 与消费者购买意向关系的实证研究 [J]. 南开管理评论, 2009 (1).

[68] 崔金欢，符国群. 产品危害事件对品牌资产变动的影响 [J]. 南开管理评论, 2002, (7): 17-22

[69] 杨洋，方正，李蔚. 产品伤害危机的管理模式研究——基于相关文献回顾 [J]. 华东经济管理, 2010 (11).

[70] 潘煜，张星，高丽. 网络零售中影响消费者购买意愿因素研究——基于信任与感知风险的分析 [J]. 中国工业经济, 2010 (7).

[71] 周伟忠，沈杰. 品牌形象、顾客满意和顾客忠诚关系研究——以济南银座连锁超市为例 [J]. 兰州商学院学报, 2010 (3).

[72] 高维和，陈信康，任声策. 企业声誉、两级信任与组织间关系 [J]. 财贸研究, 2010 (2).

[73] 方明珠，卢润德，吴伟平. 电子商务模式下消费者信任影响因素研究综述 [J]. 情报杂志, 2010 (6).

[74] 杨志勇，刘东胜. 大学生品牌信任消费成因及营销对策 [J]. 销售与市场（管理版）, 2010 (10).

[75] 姚永平. 关于企业危机公关的分析与思考 [J]. 经营管理者, 2010 (19).

[76] 方正. 产品伤害危机应对方式对顾客感知危险的影响——基于中国消费者的实证研究 [J]. 经济体制改革, 2007 (3).

[77] 夏星，时勘，石密. 网络环境下的信任与风险感知

[J]. 微计算机信息，2010（30）.

[78] 唐小飞，郑杰，孙洪杰. 消费者品牌信任瓦解与重塑对策研究 [J]. 预测，2010（6）.

[79] 张洪利，. 企业社会责任对消费者信任的影响 [J]. 长春理工大学学报（社会科学版），2010（1）.

[80] 熊光泽，邓丹娟，杨伟文. 品牌形象对消费者购买决策的影响研究 [J]. 现代物业（中旬刊），2010（2）.

[81] 李敏. 基于消费者行为理论的农产品品牌价值研究 [J]. 江苏农业科学，2010（5）.

[82] 楼尊. 消费者对SSTs的评价与使用——企业形象、自我效能的调节作用 [J]. 管理评论，2010（1）.

[83] 廖成林，李菡，石刚. 信任视角下心理契约对顾客重复购买意向的影响研究 [J]. 商业时代，2010（19）.

[84] 廖列法，王刊良. C2C电子商务消费者满意、信任与忠诚之间关系的实证研究 [J]. 信息系统学报，2010（1）.

[85] 马全恩，刘丹，严雯青. 基于转换成本的顾客满意与忠诚实证研究 [J]. 西安理工大学学报，2010（2）.

[86] 刘磊，陈信康. 描述视角下促销的分类及其效果研究 [J]. 现代管理科学，2011（2）：11－13.

外文文献：

[1] Ana M, Angulo, Jose M Gil. Risk perception and consumer willingness to pay for certified beef in Spain [J]. Food Quality and Preference, 2007, 18: 1106－1117.

[2] Ahluwalia, Rohini. Examination of psychological processes underlying resistance to persuasion [J]. Journal of Consumer Research, 2000, 27 (2): 217－232.

[3] Anne－Sophie Cases. Perceived Risk And Risk Reduction

Strategies In Internet Shopping [J]. The international Review of Retail, Distribution and Consumer Research, 2002, 10: 375 -394.

[4] Arjun Chaudhuri, Morris B Holbrook. The chain of effects from brand trust and brand affect to brand performance: the role of brand loyalty [J]. Journal of Marketing, 2001, 65 (2) : 81 - 93.

[5] Brown, Tom J, Peter Dacin. The Company and The Product: Corporate Associations and Consumer Product Responses [J]. Journal of marketing, 1981, 1: 68 -84.

[6] Burger, Jerry M. Motivational Bias in the Attribution of Responsbility for an Accident, A Meta - Analysis of Denfensive - Attribution Hypothesis [J]. Psychology Bulletin, 1981, 90 (11): 496 -512.

[7] Bhattacharya R, Devinney T M, Pillutla M M. A formal model of trust based on outcomes [J]. The Academy of Management Review, 1998, 23 (3) : 459 - 472.

[8] Bennett, Rebekah, McColl - Kennedy, Coote. Trust, Commitment And Attitudinal Brand Loyalty: Key Constructs In Business - To - Business Relationships [J]. ANZMAC 2000 Visionary Marketing for the 21st Century: Facing the Challenge: 88 -92.

[9] Bird M, Channon C, Ehrenberg. Brand image and Brand Usage [J]. Journal of Marketing Research, 1970, 8: 307 -315.

[10] Bradford, J L, Garrett D E. The effectiveness of corporate communicative responses to accusations of unethical behavior [J]. Journal of Business Ethics, (1995) 14: 875 -892.

[11] Bauer R A. Consumer behavior as risk taking [J]. In RS Hancock (Ed), Dynamic marketing for a changing world, Chicago: American Marketing Association, 1960: 389 -398.

[12] Choi, Incheol, Richard E, Nisbett, Ara Norenzayan. Causal Attribution Across Cultures: Variation and University [J]. Psychological Bulletin, 1999, 125 (1): 47-63.

[13] Clarke, Peter, Lee Ruggels. Preferences Among News Media for Coverage of Public Affairs [J]. Journalism Quarterly, 1970, 47: 464-471.

[14] Coombs W T. Information and compassion in crisis response's test of their effects [J]. Journal of Public Relations Research, 1999, 11 (2): 125-142.

[15] Coombs W T. An analytic framework for crisis situations: Better response from a better understanding of the situation [J]. Journal of Public Relation Research, 1998, 10 (2): 177-191.

[16] Coombs, W T, S J Holladay. Communication and attributions in a crisis: An experimental study in crisis communication [J]. Journal of Public Relations Research, 1996, 13 (4): 321-340.

[17] Cox D F, Rich S J. Perceived risk and consumer decision making [J]. Mark Research, 1964, 1 (11): 32-9.

[18] Campbell M C. The moderating effect of perceived risk on consumer's evaluations of product incongruity: preference for the norm [J]. Journal of consumers research, 2001, 8 (3): 439-449.

[19] Christina Sichtmann. An analysis of antecedents and consequences of trust in a corporate brand [J]. European Journal of Marketing, 2007, 41 (9/10): 999-1015.

[20] Cheung, Christy, Lee, Matthew K O. Trust in Internet Shopping: A Proposed Model and Measurement Instrument [J]. AMCIS 2000 Proceedings, 2000: 406.

[21] Chaudhuri, Arjun, Morris B, Holbrook. The Chain of

Effects from Brand Trust and Brand Affect to Brand Performance: The Role of Brand Loyalty [J]. Journal of Marketing, 2001, 65 (4): 81 - 93.

[22] Darley John M, Paget H Gross. A hypothesis - Confirming Bias in Labeling Effects [J]. Journal of Personality and Social Psychology, 1983, 44 (1): 20 - 33.

[23] Davison, Wallace N, Dan Worrell. Research Notes and Communications: The Effects of Product Recall Announcement on Shareholder Wealth [J]. Strategic Management Journal, 1992, 3 (6): 467.

[24] Daniel Laufer, David H Silvera, Tracy Mayer. Exploring Differences Between Older and Younger Consumers in Attributions of Blame for Product harm Crisis [J]. Academy of Marketing Science Review, 2005 (7).

[25] Daniel Laufer. How should a company respond to a product harm crisis? The role of corporate reputation and consumer - based cues [J]. Business Horizons, 2006, 5: 379 - 385.

[26] Dowling, Grahame R, Staelin, Richard. A Model Of Perceived Risk And Intended Risk - Handling Activity [J]. Journal of Consumer Research, Jun 94, Vol. 21 Issue 1: 119 - 134.

[27] Dawar, Niraj, Parker, Philip. Marketing Universals: Consumers Use of Brand Name, Price, Physical Appearance, and Retailer Reputation as Signals of Product Quality [J]. Journal of Marketing, Apr 1994, Vol. 58, Issue. 2: 81 - 84.

[28] Dawar, Niraj, Madan M Pillutla. Impact of Product - Harm Crises on Brand Equity: The Moderating Role of Consumer Expectations [J]. Journal of Marketing Research, 2000, 37 (5):

215 - 226.

[29] Deutsch, Morton. Trust and suspicion [J]. Journal of Conflict Resolution, 1958, 2: 265 - 279.

[30] Deutsch, Morton. The effect of motivational orientation upon trust and suspicion [J]. Human Relations, 1960, 13 (5): 123 - 139.

[31] Devon Johnson, Kent Grayson. Cognitive and affective trust in service relationships [J]. Journal of business, 2005, 58: 500 - 507.

[32] Doney, P M, Cannon, J P, Mullen M R. Understanding the influence of national culture on the development of trust [J]. Academy of Management Review, 1997, 23 (3): 601 - 620.

[33] Das T K, Bing - Sheng Teng. Between trust and control: Developing confidence in partner cooperation in alliances [J]. Academy of Management Review, 1998, 23 (3): 491 - 512.

[34] D J Kim et al. A trust - based consumer decision - making model in electronic commerce: The role of trust, perceived risk, and their antecedents [J]. Decision Support Systems, 2008, 44: 544 - 564.

[35] Delgado - Ballester. Development and validation of a brand trust scale [J]. International Journal of Market Research, 2003, Vol. 45, No. 1: 35 - 54.

[36] Delgado - Ballester, Jose Luis Munuera - Aleman. Brand trust in the context of consumer loyalty [J]. European Journal of Marketing, 2001, 12 (11): 1238 - 1258.

[37] Dick, Alan S, Kunal Basu. Customer Loyalty: Toward an Integrated Conceptual Framework [J]. Journal of Academy of Mar-

keting Science, 1994, 22 (2): 99 - 113.

[38] David H Henard. Negative Publicity: What Companies Need to Know About Public Reactions [J]. Public Relations Quarterly Winter, 2002.

[39] Dwane Hal Dean. Consumer Reaction to Negative Publicity : Effects of Corporate Reputation, Response and Responsibility for a Crisis Event [J]. Journal of Business Communication, 2004, 41: 192.

[40] Dommermutb, William P. How Does the Medium Affect the Message [J]. Journalism Quarterly, 1974, 51 (2): 441 - 447.

[41] Erikson G M, Johansson J K, Chao P. Image Variables in Multiattribute Product Evaluations [J]. Journal of Consumer Research, 1984, 11: 694 - 699.

[42] Erden T, Swait J. Brand equity as a signaling phenomenon [J]. Journal of Consumer Psychology, 1998, 7 (2) : 131 - 157.

[43] Ellen Garbarino, Mark S Johnson. The Different Roles of Satisfaction, Trust, and Commitment in Customer Relationships [J]. The Journal of Marketing, Apr., 1999, Vol. 63, No. 2: 70 - 87.

[44] Folkes, Valerie S. Consumer Reactions to Product Failure: An Attributional Approach? [J]. Journal of Consumer Research, 1987, 13 (3): 534 - 539.

[45] Fisk, G, R Chandran. How to Trace and Recall Products [J]. Harvard Business Review, 1975 (11 - 12): 90 - 96.

[46] Forward, John, Rachelle Canter, Ned Kirsch. Role - Enactment and Deceptive Methodologies, Alternative Paradigms? [J]. American Psychologist, 1976, 31 (8): 595 - 604.

[47] Fournier S. A Consumer - Brand Relationship Framework for Strategic Brand Management [J]. A Dissertation presented to the graduate school of the university of florida, 1994.

[48] Fischer M, Meffert H, Perrey J. Markenpolitik: Ist sie fu¨r jedes Unternehmen gleichermaßen relevant? [J]. Die Betriebswirtschaft, 2004, Vol. 64 No. 3: 333 - 56.

[49] Flavian C, Miguel G, Raquel G. The role played by perceived usability, satisfaction and consumer trust on website loyalty [J]. Information & Management, 2006, 43 (1): 1 - 14.

[50] Eok Theng Lau, Sook Hanlee. Consumers Trust in a Brand and the Link to Brand Loyalty [J]. Journal of Market Focused Management, 1999, 4: 344.

[51] Eta Menon, Robert D Jewell, H Rao Unnava. When a Company Does Not Respond to Negative Publicity: Cognitive Elaboration vs. Negative Affect Perspective [J]. Advances in Consumer Research, 1999, 26.

[52] Winner K P, Gremier D, Bitner M J. Relational benefits in service industries: The customer's perspective [J]. Journal of the Academy of Marketing Science, 1998, 26 (2): 101 - 114.

[53] HamYoung - Won, Stephen J Hoch. Ambiguity, Processing Strategy, and Advertising - Evidence Interactions [J]. Journal of Consumer Research, 1989, 16 (3): 354.

[54] Hearit, Keith M. Apologies and Public Relations Crises at Chrysler, Toshiba and Volvo [J]. Public Relations Review, 1994, 20 (2): 113.

[55] Heinzl, John, Smarties still. On Sale Despite Nation - Wide Recall [J]. The Globe and Mail, 1993 - 07 - 16

(B1).

[56] Hoch, Stephen J, John Deighton. Managing What Consumers Learn from Experience [J]. Journal of Marketing, 1989, 53 (2): 1-20.

[57] Hansen, Flemming. Consumer Choice Behavior: A Cognitive Theory [J]. New York: Free Press, 1972.

[58] Kanouse, David E, L Reid Hanson. Negativity in Evaluations [J]. In E Jones et al (Eds), 1972.

[59] Hong - Youl Ha. Factors influencing consumer perceptions of brand trust online [J]. Journal of Product & Brand Management, 2004, 13 (5): 329-342.

[60] Hess, Jeffrey S. Construction and Assessment of a Scale to Measure Consumer Trust [J]. In Proceedings of the American Marketing Association Educators' Conference, 1995, Vol. 6, ed B Stern and G Zinkhan, Chicago: American Marketing Association: 20-26.

[61] Jolly, D W, Mowen J C. Product Recall Communications: The Effects of Source, Media, and Social Responsibility Information [J]. Advances in Consumer Research, 1985, 12: 471-475.

[62] Jacoby J, Kaplan L. The components of perceived risk [J]. In: Venkatesan M, editor. Proceedings of the 3rd Annual Convention of the Association for Consumer Research, Chicago IL, 1972: 382-93.

[63] James R Bettman. Perceived Risk and Its Components: A Model and Empirical Test [J]. Journal of Marketing Research, Vol. 10, No. 2 (May, 1973): 184-190.

[64] Jarvenpaa S L, Tractinsky N, Vtale M. Consumer trust in an Internet store [J]. Information Technology and Management,

2000, 1: 45 - 71.

[65] Johnson D, Grayson K. Cognitive and affective trust in service relationships [J]. Journal of Business Research, 2005, 58: 500 - 507.

[66] James J Zboja, Clay M Voorhees. The impact of brand trust and satisfaction on retailer repurchase intentions [J]. Journal of Services Marketing, 2006, 20 (5): 381 - 390.

[67] Joelle Vanhamme, Bas Grobben. Too Good to be True!. The Effectiveness of CSR History in Countering Negative Publicity [J]. Journal of Business Ethics, 2009, 85: 273 - 283.

[68] Jing Lei, Niraj Dawar, Jos Lemmink. The Impact of Information Characteristics on Negative Spillover Effects in Brand Portfolios [J]. Advances in Consumer Research, (Volume 33) / 325.

[69] Kiesler, Charles A, Richard E, Nisbett, Mark P Zanna. On Inferring One's Beliefs from One's Behavior [J]. Journal of Personality and Social Psychology, 1969, 11 (4): 321.

[70] Klayman, Joshua, Young - Won Ha. Confirmation, Disconfirmation, and Information in Hypothesis - Testing [J]. Psychological Review, 1987, 94 (2): 211.

[71] Kurzbard, Gary, George J Siomokos. Crafting a Damage Control Plan: Lessons from Perrier [J]. Journal of Business Strategy, 1992, 13 (3 - 4): 39 - 43.

[72] Koufaris M, Hampton - Sosa W. The development of initial trust in an online company by new customers [J]. Information & Management, 2004, 41 (3): 377 - 397.

[73] Kennedy M S, Ferrell L K, Le Clair D T. Consumers trust of salesperson and manufacturer: an empirical study [J]. Jour-

nal of Business Research, 2001, 51: 73 - 86.

[74] Kurt Matzler, Sonja Grabner - Krauter, Sonja Bidmon. Risk aversion and brand loyalty: brand trust and brand affect [J]. Journal of Product & Brand Management, Volume 17, 2008, 11 (3): 154 - 162.

[75] Levin, Iriwin P, Gary Gaeth. How Consumers Are Affected by the Framing of Attribute Information Before and After Consuming the Product [J]. Journal of Consumer Research, 1988, 15 (12): 374.

[76] Laufer, Daniel. Are Antecedents of Consumer Dissatisfaction and Consumer Attributions for Product Failures Universal? [J]. Advances in Consumer Research, 2002: 29.

[77] Laufer, Daniel. Product Crisis and Consumers Assessment of Blame: Is There an Impact of Country of Origin? [J]. Dissertation, University of Texas, Austin, 2002.

[78] Laufer, Daniel, Kate Gillespie. Who's to Blame? Differences in Consumer Attributions of Blame Between Men and Women: The Role of Perceived Vulnerability and Empathic Concern [J]. Psychology and Marketing, 2004, 21 (2): 209 - 222.

[79] Lee, Raymond H. Credibility of Newspaper and TV News [J]. Journalism Quarterly, 1978, 55: 282 - 287.

[80] Lau C T, Lee S H. Consumers' Trust in a Brand and the Link to Brand Loyalty [J]. Journal of Market Focused Management, 1999, 4: 341 - 370.

[81] Larzelere Robert E, Huston Ted L. The Dyadic Trust Scale: Toward Understanding Interpersonal Trust in Close Relationships [J]. Journal of Marriage & Family, 1980, 42 (3): 596.

[82] Luhmann N, Vertrauen Ein. Mechanismusder Reduktion sozialer Komplexita¨t [J]. 3rd ed., Enke Stuttgart, 1989.

[83] Luk, Yip. The moderator effect of monetary sales promotion on the relationship between brand trust and purchase behaviour [J]. Brand management, 2008, 15 (6): 452-464.

[84] Morristown N J, Kelley H H. The Process of Causal Attribution [J]. American Psychologist, 1972, 28: 107-128.

[85] McAllister D. Affect and cognition based trust as foundations for inter-personal cooperation in organizations [J]. Academy of Management Journal, 1995, 38: 24-59.

[86] Mowen, John, H W Ellis. The Product Defect: Managerial Considerations and Consumer Implications, Review of Marketing 1981, Ben Enis and Kenneth Roering (Eds.) [J]. American Marketing Association, Chicago, 1981: 158-172.

[87] Mowen J C, Jolly D, Nickell G S. Factors Influencing Consumer Responses to Product Recall [J]. Advances in Consumer Research, 1980: 405.

[88] Mowen, John C. Further Perceptions on Consumer Perceptions of Product Recalls [J]. In H. Keith Hunt (Ed.), Advances in Consumer Research, Vol. 7, Proceedings of the Association for Consumer Research, 1979: 519-523.

[89] Mowen, John E, David W Jolly, Cary C, Nickell. Factors Influencing Consumer Responses to Product Recalls: A Regression Analysis Approach [J]. Advances in Consumer Research, Proceedings of the Association for Consumer Research, 1980.

[90] Murray, Eileen, Saundra Shoshen. Lessons from the Tylenol Tragedy on Surviving a Corporate Crisis [J]. Medical Marketing

and Media, 1992, 27 (2): 14 - 19.

[91] Mizerski, Richard W. A Test of the Relationship Between Trait and Causal Attribution [J]. In Mary Jane Schlinger (Ed.), Advances in Consumer Research, Vol. 3, Proceedings of the Association for Consumer Research, 1975: 471 - 479.

[92] Mary McCarthy, Spencer Henson. Perceived risk and risk reduction strategies in the choice of beef by Irish consumers [J]. Journal of Business Research, Volume 57, Issue 7, 2004, 7: 768 - 775.

[93] Morgan R M, Hunt S D. The Commitment - trust Theory of Relationship Marketing [J]. Journal of Marketing, 1994 (58): 20 - 38.

[94] Mitch Griffin, Barry J, Babin, Jill S. An Empirical Investigation of the Impact of Negative Public Publicity on Consumer Attitudes and Intentions [J]. Advances In Consumer Research, 1991, Volume 18.

[95] McKnight D H, Kacmer C J, Vivek C. Shifting factors and the ineffectiveness of third party assurance seals: A two - stage model of initial trust in a web business [J]. Electronic Markets, 2004, 14 (3): 252 - 266.

[96] Mitchell A A, Olson J. Are Product Attribute Beliefs the Only Mediator of Advertising Effects on Brand Attitude? Journal of Marketing Research, 1981, 18 (4): 318 - 332.

[97] Nena Lim. Consumers' perceived risk: sources versus concequences [J]. Electronic Commerce Research and Application, 2003, 2: 216 - 228.

[98] Niraj Dawar, Madan M Pillutla. Impact of Product - Harm

Crises on Brand Equity: The Moderating Role of Consumer Expectations, Journal of Marketing Research, Vol. XXXVII, 2000, 5: 215 - 226.

[99] Oliver, Richard L, Russell S Winer. A Framework for the Formation and Structure of Consumer Expectations: Review and Propositions [J]. Journal of Economic Psychology, 1987, 8 (4): 469.

[100] Olson, Jerry C, Philip A, Dover. Disconfirmation of Consumer Expectations Through Product Trial [J]. Journal of Applied Psychology, 1979, 64 (2): 179.

[101] Oliver R L. Satisfaction: A Behavioral Perspective on the Consumer B2 - A Behavioral Perspective on the Consumer [M]. New York: Irwin, 1997.

[102] Pearson, Christine M, Judith A Clair. Reframing Crisis Management [J]. Academy of Management Review, 1998, 23 (1): 59 - 76.

[103] Patricia Gurviez, Michall Korchia. Proposal for a Multidimensional Brand Trust Scale [J]. 32nd EMAC Conference - Glasgow Marketing: Responsible and Relevant?, 2003, 5.

[104] Queleh J A, Klein L R. The internet and international marketing [J]. Sloan Management Review, 1996, 37 (3): 60 - 75.

[105] Roselius T. Consumer ranking of risk reduction methods [J]. Journal of marketing, 1971, 35: 56 - 61.

[106] Rotter J B. A new scale for the measurement of interpersonal trust [J]. Journal of Dersonality, 1967, 35: 651 - 665.

[107] Resniek P, Zeekhauser R. Trust among Strangers in internet transactions: Empirical analysis of ebay's reputation system

[C]. In The Economics of the Internet and E - commerce B2 - The Economics of the Internet and E - commerce, M R Baye, Editor. JAI Press: Greenwich, CT, 2002.

[108] Ruth M W, Yeung, Joe Morris. An empirical study of the impact of consumer perceived risk on purchase likelihood: a modeling approach [J]. International Journal of Consumer Studies, 30, 3, 2006, 5: 294 - 305.

[109] Rohini Ahluwalia, Robert E BurnkrantT, H Rao Unnava. Consumer Response to Negative Publicity: The Moderating Role of Commitment [J]. Journal of marketing research, 2000, 5.

[110] Siomkos G J. An Integrated Perspective on Managing Product - harm - caused - crisis: The ACOE Model, unpublished PhD dissertation [J]. New York University, 1989.

[111] Siomkos G J. Managing Product - harm Crises [J]. Industrial Crisis Quarterly, 1989, 1 (3): 41 - 60.

[112] Siomkos G, Shrivartara P. Responding to Product Liability Crises [J]. Long Range Planning, 1993, 5 (26): 72.

[113] Siomkos G J, Kurzbard G. Product - harm Crisis at the Crossroads: Monitoring Recovery of Replacement Products [J]. Industrial Crisis Quarterly, 1992, 6: 279.

[114] Siomkos, George J, Kurzbard, Gary. The Hidden Crisis in Product - harm Crisis management [J]. European Journal of Marketing, 1994, 2: 30 - 41.

[115] Smith, Robert E. Integrating Information from Advertising and Trial: Processes and Effects on Consumer Response to Product Information [J]. Journal of Marketing Research, 1993, 30 (5): 204.

[116] Snyder, Mark, William B Swann Jr. Hypothesis - Testing Processes in Social Interaction [J]. Journal of Personality and Social Psychology, 1978, 36 (11): 1202.

[117] Sandage C H, Arnold M Barban. What Farmers Think About Consumer Protection [J]. Journalism Quarterly, 1970, 47: 47 - 48.

[118] Simpson W Gary, J C Mowen. The Reaction of Stock Prices to Information on Product Recalls [J]. Paper presented at the Southwestern Finance meetings, 1981.

[119] Sternthal, Brian, Lynn Phillips, Ruby Dholakia. The Persuasive Effect of Source Credibility [J]. Public Opinion Quarterly, 1978: 286 - 314.

[120] Sandra M Forsythe, Bo Shi. Consumer Patronage And Risk Perceptions In Internet Shopping [J]. Journal of Business Research, 2003, 56: 867 - 875.

[121] Susan A Hornibrook, Mary McCarthy, Andrew Fearne. Consumers' perception of risk: the case of beef purchases in Irish supermarkets [9] [10] Taylor, J. W. The role of risk in consumer behavior [J]. Journal of marketing, 1974, 38 (4): 54 - 60.

[122] Sako M. Price, quality, and trust: inter - firm relations in Britain and Japan [J]. Cambridge University Press, 1992.

[123] Sirdeshmukh D, Singh J, Sabol B. Consumer Trust, Value and Loyalty in Relational Exchange [J]. Journal of Marketing, 2002, 66: 15 - 37.

[124] Schoenbachler D D, Gordon Cx L. Trust and customer willingness to provide information in database - driven relationship marketing [J]. Journal of Interactive Ma ding, 2002, 16 (3):

2 - 16.

[125] Siau K, Shen Z. Building Customer Trust In Mobile Commerce [J]. Cimmunications of the Acm, 2003, 46 (4): 91 - 94.

[126] Stewart, David W, David H Furse. Effective Television Advertising: A Study of 1000 Commercials [J]. Lexington, MA: Lexington Books, 1986.

[127] Singh J, Sirdeshmukh D. Agency and trust mechanisms in customer satisfaction and loyalty judgments [J]. Journal of the Academy of Marketing Science, 2000, Vol. 28 No. 1: 150 - 67.

[128] Tyler L. Liability means never being able to say you're sorry: Corporate quilt, legal constraints, and defensiveness in corporate communication [J]. Management Communication Quarterly, 1997, 11 (1): 51 - 73.

[129] Taylor J W. The role of risk in consumer behavior [J]. Journal of marketing, 1974, 38 (4): 54 - 60.

[130] Tamarkin, Bob. Recalls - The Costs Soar [J]. Forbes, 1978, 7 (10): 79 - 80.

[131] Ulmer R R, Sellnow T L. Consistent questions of ambiguity in organizational crisis communication: Jack in the Box as a case study [J]. Journal of Business Ethics, 2000, 25: 143 - 155.

[131] Walczuch R, Lundgren H. Psychological antecedents of institution - based consumer trust in e - retailing [J]. Information & Management, 2004, 42: 159 - 177.

[132] Williams David E, Bolanle A Olaniran. Exxon's Decision - Making Flaws: The Hypervigilant Response to the Valdez Grounding [J]. Public Relations Review, 1994, 20 (1): 5 - 18.

[133] Warner H W. Guidelines for Product Recall [J]. Public Relations Journal, 1977, 33 (7): 11 - 13.

[134] Wynne, James, G E Hoffer. Auto Recalls: Do They Affect Market Share? [J]. Applied Economics, 1976, 8: 157 - 163.

[135] Winters, Lewis C. The Effect of Brand Advertising on Company Image: Implications for Corporate Advertising. Journal of Advertising Research 26 (April—May 1986): 54 - 59.

[136] Yi Xie, Siqing Peng. How to Repair Customer Trust After Negative Publicity: The Roles of Competence, Integrity, Benevolence, and Forgiveness [J]. Psychology & Marketing, (July 2009), Vol. 26 (7): 572 - 589.

图书在版编目(CIP)数据

连锁超市促销伤害危机对消费者品牌忠诚的影响研究/花海燕编著.
—成都:西南财经大学出版社,2011.11
ISBN 978-7-5504-0442-7

Ⅰ.①连… Ⅱ.①花… Ⅲ.①连锁超市—促销—风险管理
Ⅳ.①F717.6

中国版本图书馆 CIP 数据核字(2011)第 191530 号

连锁超市促销伤害危机对消费者品牌忠诚的影响研究

花海燕 编著

责任编辑:林 伶 冯 梅
封面设计:杨红鹰
责任印制:封俊川

出版发行	西南财经大学出版社(四川省成都市光华村街 55 号)
网　　址	http://www.bookcj.com
电子邮件	bookcj@foxmail.com
邮政编码	610074
电　　话	028-87353785 87352368
印　　刷	郫县犀浦印刷厂
成品尺寸	148mm×210mm
印　　张	6.25
字　　数	155 千字
版　　次	2011 年 11 月第 1 版
印　　次	2011 年 11 月第 1 次印刷
书　　号	ISBN 978-7-5504-0442-7
定　　价	22.00 元